DOMINE *suas* METAS

Título original: *Master Your Goals*

Domine suas metas
1ª edição: Fevereiro 2025

Autor:
Zig Ziglar

Tradução:
Luciene Ribeiro dos Santos de Freitas

Preparação de texto:
Cínthia Zagatto

Revisão:
Jacob Paes
Rebeca Michelotti

Projeto gráfico:
Luisa Tavares

Capa:
Dimitry Uziel

Impressão:
Plena Print

DADOS INTERNACIONAIS DE CATALOGAÇÃO NA PUBLICAÇÃO (CIP)

Ziglar, Zig
Domine suas metas : como assumir o controle da sua vida para alcançar sucesso e felicidade / Zig Ziglar ; tradução de Luciene Ribeiro dos Santos. — Porto Alegre : Citadel, 2025.
192 p.

ISBN 978-65-5047-565-9
Título original: Master your goals

1. Autoajuda 2. Desenvolvimento pessoal 3. Sucesso 4. Felicidade
I. Título II. Santos, Luciene Ribeiro dos

24-5452 CDD - 158.1

Angélica Ilacqua - Bibliotecária - CRB-8/7057

Produção editorial e distribuição:

CITADEL Grupo Editorial

contato@citadel.com.br
www.citadel.com.br

DOMINE *suas* METAS

COMO ASSUMIR O CONTROLE DA SUA VIDA PARA ALCANÇAR SUCESSO E FELICIDADE

Zig Ziglar

Tradução:
Luciene Ribeiro dos Santos de Freitas

CITADEL
Grupo Editorial

2025

SUMÁRIO

PREFÁCIO

No universo das palestras sobre marketing, motivação e desenvolvimento pessoal, nunca haverá outro como Zig Ziglar (1926–2012). Com um senso de humor contagiante, uma habilidade magistral de contar histórias, uma incrível capacidade de inspirar e um charme do sul dos Estados Unidos inigualável, ele construiu um legado que vai durar para sempre.

Qual será o seu legado? Qual marca você deixará no mundo?

Alcance seus objetivos na vida

Com esta clássica coletânea de ideias de sucesso de Zig Ziglar, você não construirá seu legado ao acaso. O impacto que causará em seus entes queridos, amigos e parceiros de negócios será intencional.

Os princípios de Zig Ziglar para alcançar seus objetivos e viver seus sonhos se mantêm verdadeiros até hoje, no mundo moderno da tecnologia e das rápidas mudanças.

Este livro apresenta lições inesquecíveis sobre como obter mais das coisas que o dinheiro pode comprar, além de todas as outras que o dinheiro não compra. São verdades que nunca mudam.

Aqui está uma pequena amostra de pontos sobre os quais você vai aprender:

- O seu próprio programa de metas.
- O passo a passo para definir suas metas.
- A conquista dos seus objetivos na vida.
- Motivação + informação = inspiração.
- Os fundamentos da grandeza.
- A superação das adversidades para realizar sonhos.

Capítulo 1

SEU PROGRAMA DE METAS

Em 1920, a Universidade Stanford embarcou em um estudo com 1440 jovens gênios. Eles foram acompanhados por toda a vida. Quando o professor que originalmente criou a pesquisa se aposentou, ela foi continuada por seu departamento. Aqui está o que eles descobriram: aqueles que obtiveram sucessos notáveis não foram bem-sucedidos por causa de sua genialidade. Eles foram bem-sucedidos porque tinham a capacidade de se concentrar no que era importante e persistir até alcançá-lo.

Ora, você não precisa ser um gênio para fazer isso. Eu gostaria de apenas encorajá-lo a levar a sério os conselhos que estou prestes a oferecer; porque, se fizer isso, em breve eu me encontrarei com você – sim, eu realmente quero dizer *você* – no topo.

Neste capítulo, vou falar sobre o programa completo de metas. Muitas pessoas têm objetivos individuais, mas pouquíssimas possuem um programa de metas.

Certa vez, eu estava no noroeste do Pacífico, não muito longe de Portland, Oregon, dando uma palestra para a Northwestern Lumbermen's Association (Associação dos Madeireiros da Região Noroeste dos Estados

Unidos). Aqueles madeireiros eram caras grandes; todos tinham a aparência de jogadores da defesa do Dallas Cowboys. O encarregado havia me dito: "Zig, eles gostam de ouvir histórias e piadas, então não se esqueça de contar algumas".

Eu estava passando a todo vapor quando, de repente, um homem enorme com cerca de um metro e noventa de altura, que pesava mais de 120 quilos, levantou-se e disse:

– Zig, eu queria contar uma história para você.

Bem, eu tenho uma política padrão. Se um cara de um metro e noventa que pesa 120 quilos quiser me contar uma história, eu deixo. Então disse:

– Vá em frente, parceiro.

– Quero falar sobre meu amigo Bill. Fique de pé, Bill.

Um homenzinho de um metro e meio de altura, que não poderia pesar mais do que 55 quilos, se levantou. O grandalhão prosseguiu:

– Este é meu amigo Bill Carlotta. O velho Bill chegou aqui ao nosso alojamento há algumas semanas, veio até mim e disse: "Aperte a mão do seu novo escalador de árvores".

"Olhei para ele e protestei: 'Mas, Bill, um escalador de árvores? Esse é o cara que sobe até o topo da árvore para cortá-lo, depois tem que se agarrar e rezar pela própria vida. Bill, esse trabalho é para um homem, e você é apenas um menino'.

"O velho Bill tirou a camisa e disse: 'Eu sou um homem!'. Zig, estou aqui para dizer que ele é mesmo um homem. Ele é todo musculoso. Mas eu ainda não estava convencido. O velho Bill sugeriu: 'Vamos fazer uma aposta. Entre na floresta, escolha uma árvore e me diga quanto tempo levaria para colocá-la no chão. Eu farei isso na metade do tempo'.

"Entramos na floresta e escolhemos uma árvore de abeto. E, Zig, não há um homem sequer no alojamento que poderia tê-la colocado no chão em menos de quarenta minutos, mas o velho Bill foi trabalhar justo naquela. E eu vou te dizer que o machado a cortou tão rápido que parecia manteiga. Em menos de dez minutos, aquela árvore estava no chão.

"Perguntei a ele: 'Bill, onde diabos você aprendeu a cortar árvores assim?'.

"Ele disse: 'Aprendi na floresta do Saara'.

"'Na floresta do Saara? Bill, o Saara é um deserto.'

"'E ele respondeu: 'Agora é'."

Acho que você vai concordar que esse homem tinha uma atitude positiva, assim como uma senhora que recebia um tratamento de beleza gratuito no cabeleireiro, em seu centésimo aniversário. Enquanto conversavam, o cabeleireiro disse:

– Sabia que a senhora tem o exato dobro da minha idade?

Houve um terrível silêncio, e a senhora que recebia o permanente pareceu terrivelmente deprimida.

– Qual é o problema? – perguntou o cabeleireiro.

– Eu estava apenas pensando... Como vou cuidar do meu cabelo quando você ficar velho demais para fazer isso?

Aquela senhora também era uma pessoa otimista.

E existem pessoas que são precavidas. Ouvi falar de um sujeito que seria o orador em um banquete. No jantar daquela noite havia uma salada grega, cheia de caroços de azeitona. Como você sabe, os caroços de azeitona são duros à beça. São duros como rochas. Ele mordeu um e quebrou a dentadura.

Muito angustiado, disse ao homem ao seu lado:

– Não sei o que fazer. Minha dentadura quebrou.

O homem respondeu:

– Isso não é problema! – Enfiou a mão no bolso e puxou uma dentadura. – Veja se essa serve.

O homem que seria orador colocou-a na boca e disse:

– Não, é muito grande.

– Sem problemas! – disse o outro homem. Ele enfiou a mão em outro bolso e puxou mais uma.

O orador a colocou e disse:

– Não, esta é muito pequena.

Seu companheiro enfiou a mão em um terceiro bolso, puxou mais outra.

– Ajuste perfeito! – disse o homem em apuros. – Cara, como sou sortudo! Aqui estou eu, com a minha dentadura quebrada, e me sento ao lado de um dentista.

– Eu não sou dentista – disse o outro. – Sou um agente funerário.

Aquele era um homem realmente precavido.

O caso da lanchonete

Quando seguimos um programa de metas, a vida é muito parecida com a fila de uma cafeteria. Há alguns anos, Ruiva (como carinhosamente me refiro à minha esposa, a pedido dela) e eu encontramos uma nova lanchonete. Imaginamos que deveria ser muito boa, porque sempre havia fila do lado de fora.

Não estávamos dispostos a esperar tanto tempo, então sempre passávamos reto. Um dia vimos que não havia fila ao passar de carro por ali, e eu disse:

– Ei, acho que podemos entrar hoje. Vamos lá!

Estacionamos e entramos. Assim entendemos por que a fila não estava do lado de fora: ela fazia zigue-zague por todo o interior da lanchonete.

Nós já tínhamos estacionado, portanto pegamos a fila com cerca de trinta pessoas. E, ao que nos aproximávamos do balcão, olhamos para trás e vimos outra fila de trinta pessoas.

Enfim, conseguimos pegar um cardápio para ver como era a comida. Enquanto a fila andava, eu pensava comigo mesmo: "Bom, eu vou pegar um pouco disso e um pouco daquilo. Isso parece bom. Também vou pedir aquele ali. E quero experimentar aquele outro".

Adoro comer em lanchonetes com vitrines expositoras. Gosto de ver o que vou pedir antes de escolher. Então já tinha me decidido. Isso é relevante porque não importa o quão prodigioso seja o seu apetite: você não pode comer um pouco de tudo que está no cardápio.

Não atrasei ninguém. Eu já sabia o que queria. Cheguei ao fim da fila, fiz o pedido e peguei meu dinheiro. A senhorita no balcão ergueu a mão e disse:

– Não, senhor. Pague apenas na saída.

– Quer dizer que eu posso comer toda essa comida antes de pagar por ela?

– Sim, é assim que fazemos.

Já pensei nisso muitas vezes. A vida é como uma lanchonete, na medida em que temos tantas coisas para escolher. Naquela fila em particular, você começa a comer e só depois paga. A vida não é como aquela fila, na medida em que, na vida, primeiro se paga e depois se come.

O seu empregador fará com que você trabalhe de duas a quatro semanas até que lhe pague um centavo. É assim que tratamos os nossos profissionais. Nós os fazemos trabalhar antes de dar-lhes um pagamento.

O agricultor planta as sementes, cultiva, fertiliza e colhe. Depois, e somente depois, pode ir até o mercado para ser recompensado por seu esforço.

Os alunos estudam suas lições. Depois fazem as provas. Depois se formam. E somente depois recebem a recompensa.

A questão é muito simples: você tem que fazer as coisas antes de ser recompensado.

O que todo mundo quer

Agora vamos identificar o que todo mundo quer:

- Todos querem ser felizes.
- Todos querem ser saudáveis.
- Todos querem ser razoavelmente prósperos.
- Todos querem estar seguros.
- Todos querem ter amigos.
- Todos querem ter paz de espírito.
- Todos querem ter bons relacionamentos familiares.
- E, de qualquer forma, todos querem ter esperança.

Se você deseja todas essas coisas, identifique cada uma delas de forma bem específica como metas e faça uma lista.

Em seguida, liste todos os benefícios. Isso é bem importante. Muita gente fala apenas sobre os problemas: "Eu poderia voltar para a escola e me formar, mas isso levaria dez anos. Até lá, terei 45 anos de idade". Mas quanto você terá envelhecido em dez anos, se *não* obtiver seu diploma?

Nós nos concentramos nos obstáculos e nas dificuldades, não nos benefícios. Se vendedores falassem apenas sobre o preço, quanto venderiam? Em vez disso, eles falam sobre os benefícios que vêm com o produto. Uma pessoa que usa aparelho nos dentes não se sente feliz durante o tratamento, mas usa o aparelho pensando nos benefícios que virão mais tarde. Portanto, faça uma lista dos benefícios.

Você tem as habilidades e conhecimentos necessários para alcançar esse objetivo? Identifique os obstáculos. Há alguns obstáculos na vida; precisamos identificá-los.

Você também precisa identificar os indivíduos, grupos e organizações com os quais precisará trabalhar. Precisa desenvolver um plano de ação, com uma data para concluí-lo. É disso que se trata um planejamento de metas.

Felicidade é vitória

Agora você deve estar se perguntando: "Espere um minuto, Ziglar. Você disse que todo mundo quer ser feliz. Você realmente define a felicidade como um objetivo?".

Por toda a minha vida, disseram para mim que não se pode definir a felicidade como um objetivo; mas vamos explorar essa questão. A felicidade, assim como o dinheiro, é o resultado do que você faz. Vejamos as características de uma pessoa bem-sucedida. Se você fosse honesto, trabalhador, entusiasmado, confiável e responsável, como se sentiria sobre si mesmo? Você teria uma boa autoimagem.

Se está feliz consigo mesmo, se sabe que está usando as habilidades que tem, suas chances de ser feliz melhoram drasticamente. A felicidade não é um *quando* ou um *onde*. É um *aqui* e um *agora*.

Muitas pessoas acham que ficarão felizes quando conseguirem um novo lar. Depois pensam que ficarão felizes quando tudo estiver organizado de maneira correta. Depois ficarão felizes quando receberem os novos móveis. Depois quando terminarem de pagar por tudo isso. Depois quando reformarem o pátio e fizerem o paisagismo do quintal.

Para essas pessoas, a felicidade é sempre um *quando* ou um *onde*: "Ficarei feliz quando ganhar uma viagem para o Havaí. Ficarei feliz quando chegar lá". Não, você não será feliz em um *quando* ou um *onde*.

Você pode se divertir no Havaí, mas eu adoro o que Dennis Prager disse em um artigo da *Reader's Digest*: "Diversão é o que experimentamos durante um ato. Felicidade é o que experimentamos após esse ato. É uma emoção mais profunda, mais duradoura". Ele diz que coisas como ir a um parque de diversões, ver um jogo de futebol, assistir a um filme no cinema ou na televisão, entre outras atividades divertidas, nos ajudam a esquecer temporariamente nossos problemas e, talvez, até nos façam rir; mas elas não trazem felicidade, porque seu efeito positivo termina junto à diversão. A felicidade tem uma duração muito maior.

Prager também afirma, com uma abordagem totalmente incomum, que acreditar que uma vida cheia de diversão e sem dor é igual a uma vida de felicidade, na verdade, *diminui* as chances de se alcançar a verdadeira felicidade. Se diversão e brincadeira são equiparadas à felicidade, então o sofrimento deve ser equiparado à infelicidade; mas, na verdade, o oposto é o verdadeiro. Na maioria das vezes, as coisas que nos levam à felicidade envolvem alguma dor.

Felicidade não é prazer, é vitória. Vitória sobre as coisas que são difíceis, vitória sobre os obstáculos que às vezes parecem ser intransponíveis.

Também é preciso entender que você pode perder tudo o que tem e ainda continuar sendo o que é. Isso é muito importante; porque, se você é o que é, usar essa estrutura como alicerce aumenta substancialmente suas chances de ser feliz.

Vamos analisar a questão por outro ângulo. Você deve acreditar que, se tiver uma boa saúde, se for razoavelmente próspero, se estiver seguro consigo mesmo e com o que faz, se tiver amigos, paz de espírito, bons relacionamentos familiares e esperança para o futuro, suas chances de ser feliz serão muito maiores.

Podemos definir cada um desses itens como objetivos. À medida que você alcançar o objetivo de ter amigos, paz de espírito e melhores relacionamentos familiares, isso não contribuirá definitivamente para a sua felicidade?

É claro que sim (vou ajudá-lo com os itens mais difíceis). Não há dúvidas sobre isso.

Estou convencido de que a paz de espírito é algo que vem resolver a questão do que acontece conosco quando morremos; em outras palavras, onde passaremos a eternidade? Isso tem uma relação direta com a felicidade.

Se você tem todas essas coisas, suas chances de ser feliz serão definitivamente melhores; mas deixe-me fazer uma pergunta: você não acha que a vida é frágil? Você nunca conheceu alguém que um dia estava feliz e, no dia seguinte, estava miserável?

Por exemplo: você pode estar saudável e vir a ser tragicamente ferido em um acidente. Se sua felicidade estiver relacionada apenas à saúde, então sua felicidade vai embora. Essa é uma das razões pelas quais precisamos entender a diferença entre um *problema* e uma *condição*.

John Foppe é um homem excepcional, que nasceu sem os dois braços. Nascer sem braços não é um problema; é uma condição. Se ele fizer disso um problema, então nunca será feliz, porque ele nunca terá braços. Mas, se reconhecer que isso é uma condição, então poderá aprender a lidar com isso. Essa é uma maneira para que ele se mantenha otimista, motivado e feliz.

Ser, fazer e ter

Gostaria de fazer uma declaração muito profunda: você nem sempre conseguirá manter o que *tem*, mas sempre poderá manter o que *é*.

Pegue uma folha de papel e desenhe nela três colunas verticais. Na parte superior à esquerda, escreva "Ser"; na coluna do meio, escreva "Fazer"; e, no topo da última, escreva "Ter". Se você listar as coisas em sua vida que se enquadram em cada uma dessas três categorias, descobrirá que tudo o que você *tem* é resultado do que você *é* e do que você *faz*. Então, é nisso que queremos trabalhar.

Muitas pessoas ficam confusas com relação à felicidade. Elas acham que ser feliz significa que elas têm que estar em êxtase o tempo todo. Deixe-me contar uma coisa: a luz do sol em excesso pode criar um deserto. E se tudo o que você tivesse para comer fosse sorvete, você ficaria doente e enjoado de doces.

Muitas vezes, nossas maiores provações e tribulações nos levam a uma felicidade maior. Eu nunca ouvi uma mãe descrever o quanto ela se divertiu ao dar à luz uma criança; mas ouvi muitas delas dizerem que, depois que a dor se foi, elas sentiram êxtase, alegria e prazer. Elas dizem que essa felicidade as fez esquecer quase de imediato toda a dor que haviam passado durante o trabalho de parto.

Nesse processo, muitas mães dizem: "Este vai ser o único filho que vou ter"; mas, depois, a experiência de segurar o pequeno bebê nas mãos faz com que esqueçam todo o trauma do parto.

A felicidade genuína vem de *quem você é* e daquilo que *você faz* com quem você é. Muita gente sente muito prazer – eu sinto! – em acertar uma tacada de quarenta pés no golfe. E também fiquei encantado quando os Dallas Cowboys derrotaram os Buffalo Bills no Super Bowl. Fiquei em êxtase.

Mas deixe-me fazer uma pergunta: você realmente acha que todos os torcedores dos Buffalo Bills nos Estados Unidos se sentiram miseráveis e infelizes, só porque os Bills perderam o Super Bowl? Isso não significa que eles não queriam vencer – muito pelo contrário. Significa que aquele foi apenas um evento e que suas vidas não seriam controladas ou determinadas por um evento em particular. As pessoas que acham que podem ser felizes o tempo todo apenas não sabem lidar com a realidade da vida.

Capítulo 2

OBSTÁCULOS PARA ALCANÇAR SEUS OBJETIVOS

Todo mundo tem objetivos. Por exemplo, você deve ter o objetivo de ler este livro. Mas um viciado em heroína também tem um objetivo. O mesmo acontece com um alcoólatra.

Há quatro razões pelas quais 97% de todas as pessoas em nossa sociedade não têm um objetivo. A primeira é o medo. *Fear* (medo, em inglês) é um acróstico para *Falsa Evidência Aparentemente Real.*

O que quero dizer com isso?

Um jovem cubano sequestrou um avião e mudou seu curso para Cuba, usando apenas uma barra de sabão. Era tudo que ele tinha. Ele colocou o produto dentro de uma caixa e disse ao capitão: "Isso é uma bomba! Vamos para Cuba!". E eles foram para Cuba.

Eu poderia pegar um lenço e sair para roubar um banco. Tudo que teria que fazer seria colocar o lenço sobre o rosto, pôr a mão no bolso, fingir ter uma arma lá dentro e dizer: "Me deem o dinheiro". A evidência seria falsa, mas pareceria real; e, consequentemente, o banco seria roubado. Eu poderia levar um tiro na saída; mas, para todos os efeitos, seria bem-sucedido, pelo menos, em assustar as pessoas que fosse abordar.

Muitas vezes, quando somos jovens, recebemos informações sobre nós mesmos que são absolutamente errôneas. Nós aceitamos essa ideia e a carregamos conosco, em muitos casos, pelo resto de nossas vidas.

Precisamos entender que o fracasso é um evento. Não é uma pessoa. O ontem terminou ontem à noite. Hoje é um dia novo por inteiro e é seu. Independentemente do que aconteceu ontem, você não precisa deixar que o passado controle o que estiver fazendo hoje.

Isso remonta a um fato que menciono em todos os livros que escrevo: a imagem que você tem de si mesmo é um fator determinante em sua atitude, em tudo o que você faz.

Muitas vezes acumulamos evidências falsas: por exemplo, de que é perigoso voar em aviões. Você pode ter visto fotos de aviões terrivelmente destruídos. Voar pode ser perigoso para você; mas é mais perigoso para os aviões, porque, quando essas tralhas caem de uma altura de trinta mil pés, o valor de mercado deles despenca para quase nada. Você não consegue negociá-los de jeito nenhum.

Ainda assim, é mais perigoso para o avião permanecer no chão. Os especialistas dirão que esse avião enferrujará mais rápido parado na pista do que voando pelos céus. É para isso que os aviões são construídos.

É perigoso para um navio deixar o porto – ele pode não voltar –, mas é mais perigoso para ele ficar no porto. Os especialistas dirão que ele acumulará cracas e se deteriorará mais rapidamente ao ficar ancorado do que navegando em alto-mar, pois é para isso que os navios são construídos.

É perigoso para você estabelecer metas. Você pode não as alcançar; você pode ficar envergonhado diante dos amigos. Mas é infinitamente mais perigoso não definir nenhuma.

É perigoso para o agricultor plantar sementes. Suponhamos que chova demais, ou que não chova o bastante. Suponhamos que faça muito frio, ou que não faça frio o bastante. Suponhamos que faça muito calor, ou que não faça calor o bastante. É perigoso plantar, mas acho que você concordará que é infinitamente mais perigoso não plantar.

Em outras palavras, é mais perigoso não estabelecer metas do que definir essas metas.

Eu adoro esta fala inspiradora do pastor Harry Emerson Fosdick: "Nenhum gás ou vapor move coisa alguma se não estiver confinado. Nenhuma catarata se transforma em luz e eletricidade se não for represada. Nenhuma vida cresce, a menos que seja focada, dedicada e disciplinada".

Eu absolutamente amo o que disse Wayne Gretzky, a superestrela do hóquei: "Está comprovado, sem qualquer sombra de dúvida, que você vai errar 100% de todas as tacadas que você nunca der".

Muitas pessoas falham; não porque não possuem habilidades, mas porque não reconhecem essa habilidade e não se esforçam para ser bem-sucedidas como são capazes de ser.

Autoimagem

A segunda razão pela qual 97% das pessoas não possuem objetivos tem a ver com uma imagem ruim de si mesmas. Mude sua própria imagem, e então seu desempenho mudará. Novamente, você tem que *ser* antes que possa *fazer*, e você tem que *fazer* antes que possa *ter*.

A psicóloga Dra. Joyce Brothers diz o seguinte: "A imagem que você tem de si mesmo, sua autoimagem, determina o trabalho ou profissão que você procura, a pessoa com quem se casa, os hábitos que adquire, a sua aparência e a maneira como se veste, e isso influencia sua conduta moral. Você não pode se portar de uma forma que seja incoerente com a maneira como você se vê".

Há muitas pessoas que se propõem a ganhar US$ 30 mil por ano e, quando chegam lá, não conseguem enxergar além disso. No golfe, vemos isso acontecer muitas vezes. Um jogador amador que tem um *handicap*[1] de vinte geralmente não passa dos trinta metros. Mas ele chega lá; ele acerta o primeiro buraco com duas tacadas, o mesmo com o segundo buraco, o terceiro buraco... e emboca o quarto buraco de primeira. Ao final de quatro buracos, ali está ele – uma tacada abaixo do par.[2] E ele começa a dizer: "Cara, eu não acredito nisso! Aqui estou eu, uma abaixo do par depois de quatro buracos. Em uma situação normal, teria errado as oito tacadas".

Adivinhe o que acontece no próximo buraco? Isso mesmo, um triplo *bogie*:[3] ele volta a jogar de acordo com seu *handicap*. Por quê? Porque ele se enxerga dessa forma particular. Altere a imagem, e você alterará o desempenho.

A autoimagem é importante em todas as fases da vida. Duane Crumb, fundador e diretor da HIVHope International, afirma o seguinte: "Uma justificativa para os adolescentes dizerem não ao sexo é a de manter uma autoimagem saudável. Isso pode ser resumido em uma frase. Aqueles que dizem não ao sexo simplesmente querem dizer: 'Eu me valorizo e valorizo meu futuro o suficiente para protegê-lo'".

---

1. O índice de *handicap* foi criado pela USGA (United States Golf Association) e é calculado por meio de uma fórmula extensa e detalhada. De maneira simplificada, esse sistema possibilita que jogadores de diferentes níveis possam disputar uma partida entre si. Ao final do jogo, utiliza-se o índice como bonificação para os jogadores, descontando-se o valor do *handicap* no resultado final. Cada jogador amador tem um *handicap* que varia entre 0 e 36, entre homens e mulheres. Um jogador ótimo tem *handicap* próximo de 0. Quanto maior o *handicap*, mais fraco é o jogador. (Nota da Tradutora.)

2. *Par*: no golfe, é o número-referência de tentativas para acertar a bola em cada buraco. (Nota da Tradutora.)

3. *Bogey*: no golfe, é quando se acerta o buraco com uma tacada além do número de tentativas esperadas (o par). Resultado ruim/irregular. (Nota da Tradutora.)

O problema da discriminação também se dissipa quando os alunos acreditam em si mesmos. As crianças que se sentem valorizadas são menos propensas a discriminar os outros para provarem a si mesmas e podem ser motivadas a ajudar aqueles que são diferentes. Como diz a California Task Force to Promote Self-Esteem (Força-Tarefa da Califórnia para Promover a Autoestima): "Pessoas com autoestima saudável escolhem servir aos outros apenas pelo senso de plenitude pessoal e pela alegria de estarem vivas. No processo de servir, elas aprofundam e reforçam sua própria autoestima".

Podemos fazer muito em relação aos nossos problemas, e isso gira em torno de uma imagem realista de quem somos e do que somos capazes de fazer. A autoimagem é importante.

A história de Tom Hartman

Em 1978, eu estava dando uma palestra em Oklahoma City. Foi um seminário de um dia inteiro. Cerca de dezoito meses depois, recebi uma carta de um homem chamado Tom Hartman. Desde então, tornei-me amigo de Tom. Tivemos uma série de conversas telefônicas, visitas pessoais e correspondências trocadas, e aqui está a essência do que Tom Hartman tinha a dizer sobre esse seminário:

– Zig, três minutos depois de chegar à palestra eu pensei que estava no lugar errado. Você dizia com muito entusiasmo: "Você pode ir aonde quiser! Você pode fazer o que quiser! Você pode ser do jeito que quiser!".

"Eu disse a mim mesmo que não iria ficar sentado ali o dia todo, ouvindo aquele tipo de bobagem. Eu era muito melhor do que tudo aquilo. E decidi que, na primeira oportunidade, iria embora; mas você continuava falando! E, alguns minutos depois, teve a ousadia de dizer ao público: 'Deus te ama!'.

"Eu pensava que era mesmo um monte de bobagens e quis sair imediatamente; mas eu estava sentado no meio de um auditório com 1.600 pessoas. Sabia que, se tentasse sair, criaria um tumulto. Então disse a mim mesmo: 'Na primeira pausa, vou embora! E esse será o fim da minha história com Zig Ziglar'.

"Mas, olha, Zig, você era um cara muito persistente. Continuava pregando. Depois de alguns minutos, você disse: 'Você foi projetado para a realização. Foi projetado para o sucesso. Você é dotado das sementes da grandeza'. Quando disse isso, eu pensei: 'Bem, o velho está finalmente se aproximando da verdade'; porque eu olhava para mim mesmo e enxergava uma cintura de 160 centímetros em um corpo de 180 quilos.

"Eu acabava de sair de um divórcio devastador; não frequentava uma igreja havia anos. Eu só tinha um emprego porque meu chefe era meu amigo – o único amigo que eu tinha. Não estava trabalhando porque era produtivo; trabalhava porque, essencialmente, eu estava acomodado. Na verdade, meu chefe estava me sustentando. Eu era tão miserável que, na sexta-feira à noite, ia ao supermercado, comprava minha comida e pagava com um cheque. Então, na segunda-feira de manhã, quando recebia meu pagamento, eu corria para o banco e sacava tudo.

"Eu estava falhando em todas as áreas da minha vida. Não estava feliz. Não estava saudável. Não era próspero, nem de longe. Certamente não me sentia seguro. Eu tinha apenas um amigo. Não tinha paz de espírito, e meus relacionamentos familiares eram terríveis. Esperança? Pode esquecer; na minha vida, isso não existia.

"Mas, Zig, você continuava pregando, e eu não ouvia nada do que você dizia. Até que, a certa altura, você mencionou algo; e uma senhora atrás de mim respondeu: 'Isso mesmo!'. Naquele momento algo estalou, e finalmente a mensagem se enraizou em mim."

Não é interessante? Uma mensagem pode percorrer quarenta mil quilômetros ao redor do mundo em menos de um décimo de segundo, mas às vezes só consegue penetrar no último centímetro.

– Eu me endireitei – continuou Tom –, peguei meu bloco de notas e comecei a escrever. Escrevi furiosamente aquele dia todo. No final do dia, pela primeira vez na minha vida adulta, eu tive um vislumbre de esperança. Queria desesperadamente comprar um kit de suas fitas motivacionais. Não tinha um centavo no bolso, mas meu irmão (que Deus o abençoe!) veio em meu socorro e me emprestou o dinheiro. Comprei as fitas.

"E então, Zig, eu tinha ouvido você falar por seis horas inteiras naquele dia. Depois fui para casa e ouvi você falar por mais sete horas. Quando me levantei, na manhã seguinte, eu era um ser humano totalmente diferente. Tive um vislumbre do que era a esperança.

"A primeira coisa que fiz foi ir até meu chefe. Eu disse a ele, com um sorriso no rosto: 'Fique tranquilo. Vou começar a carregar meu próprio peso'. Quando você pesa 180 quilos, essa é uma forte declaração.

"Naquela tarde, fui até a Universidade de Oklahoma City, onde já estava fazendo alguns cursos de História apenas por fazer. Eu mudei minha matrícula para Psicologia, porque queria aprender algo sobre meus companheiros, os seres humanos, e sobre mim.

"Fui também à academia Nautilus para tomar providências sobre aquele meu corpo miserável. Na quinta-feira, fui até uma loja e comprei US$ 700 em roupas, pagando uma pequena entrada. Quando o dono da loja notou que eu estava comprando jaquetas e calças tamanho 46, ele disse: 'Sr. Hartman, para quem o senhor está comprando essas roupas?'. Quando respondi que estava comprando para mim, ele pareceu cético, mas disse: 'Ok!'. No fundo, eu sabia que ele não acreditava nem por um minuto que eu fosse capaz de perder todo aquele peso."

Permitam que eu faça aqui duas observações importantes. Uma delas é que Tom Hartman assumiu um compromisso e agiu de imediato. Eu descobri que, quando as pessoas ouvem pela primeira vez o conceito de um programa de metas e agem na hora, as chances de que façam algo a respeito são pelo menos dez vezes maiores. Se hesitarem ou disserem que vão pensar melhor, você já sabe o que acontece.

O segundo ponto importante é que, ao definir uma direção e assumir um compromisso, a ajuda começa a aparecer de pronto, vinda de todo lugar. Deixe-me explicar o que estou sugerindo. Tom Hartman me disse:

– Zig, desde então, eu ouvi aquela palestra sobre autoimagem mais de quinhentas vezes. Ouvi todas as outras no mínimo duzentas vezes. Se você tiver uma dor de garganta, não se atreva a cancelar qualquer palestra que estiver agendada. Basta ligar para mim. Eu posso reproduzir todos os seus discursos, tim-tim por tim-tim. Posso até imitar seu sotaque.

"Zig, deixe-me contar o que aconteceu. Estou grato que a polícia não tenha vindo me prender, porque eu andava pela rua como louco enquanto ouvia suas fitas. Você dizia: 'Você nasceu para ganhar!', e eu respondia: 'Então, como é que estou sempre perdendo?'. Você dizia: 'Você pode!', e eu retrucava: 'E por que é que eu nunca posso, nunca tenho?'. Você dizia: 'Espere um pouco!', e eu dizia: 'Zig, esperar não é nada divertido!'.

"Mas, sabe, Zig, eu percebi uma coisa. Às vezes eu ficava um pouco cansado e não tinha tanto entusiasmo quando tentava refutá-lo. Mas você estava sempre motivado. Você estava sempre animado. Sua gravação estava sempre à disposição, a toda velocidade, sem interrupções. Então, Zig, depois de algum tempo, eu percebi que o que você estava dizendo estava absolutamente certo."

Há um velho ditado que diz que a verdade pode ser negada, mas não pode ser evitada; mais cedo ou mais tarde, ela vai chegar até você.

Tom continuou:

– Como você está falando a verdade, acredito que, se as pessoas apenas pudessem ouvi-la algumas vezes, independentemente de a rejeitarem ou não no início, ela lhes atingiria uma camada mais profunda e teria um impacto.

"Zig, eu estava no programa havia cerca de seis semanas. Fui à mercearia para comprar minha comida. Era sexta-feira à noite, e, quando entrei na loja, havia uma garotinha de quatro anos. De repente, ouvi uma voz gritando alto o suficiente que seria possível ouvi-la desde Dallas até Fort Worth. Ela disse: 'Mamãe, olha aquele homem gordo!'.

"Eu girei para ver onde ele estava. Foi então, Zig, que percebi que ela estava falando sobre mim; e eu pensei que era a coisa mais engraçada que eu já tinha ouvido na minha vida. Fiquei com tantas cócegas que literalmente ri até chorar.

"Eu derramei lágrimas de um tipo totalmente diferente; porque, pela primeira vez na minha vida, eu sabia que iria conseguir. Eu sabia que iria perder esse peso e mudar todas as outras coisas na minha vida. A minha autoimagem tinha mudado.

"Cerca de um mês depois, eu tinha ido ao cinema. No caminho de volta para o estacionamento, estava sem pressa. Eu não tinha nada para fazer, nenhum lugar para ir, nada para fazer quando chegasse lá. Estava apenas passeando e notei uma vitrine em uma das lojas. Eu não costumava me interessar por vitrines."

Ele se aproximou, começou a olhar para a vitrine e ficou intrigado com ela.

De repente, conscientizou-se do fato de que não estava sozinho. Um homem enorme olhava por cima de seu ombro. Ele se virou. Não havia ninguém ali. Tinha visto seu próprio reflexo, que nem sequer reconheceu.

Como disse um bom amigo meu, o falecido Dr. John Kozak, um jovem e brilhante psiquiatra de Dunedin, Flórida: "Naquele exato momento, Tom Hartman não era mais um homem obeso". Embora ainda pesasse bem mais de 160 quilos, não era mais obeso, porque a imagem que ele tinha de si mesmo havia mudado por completo.

Por 24 anos em minha própria vida, eu também pesei bem mais de cem quilos. Perdi toneladas de peso. Eu engordava e emagrecia, engordava e emagrecia; mas, anos atrás, quando a imagem de mim mesmo mudou, o peso foi embora. A imagem de Tom Hartman também mudou.

Agora deixe-me enfatizar um ponto. Quando você iniciar um projeto, descobrirá muito rapidamente que há uma conspiração entre as pessoas; não para mantê-lo longe do seu objetivo, mas para ajudar a alcançá-lo. Quando você sabe para onde vai, o mundo se reúne e diz: "Aqui está alguém que sabe para onde vai. Eu quero ir junto com ele, ou quero tornar seu caminho mais fácil".

Deixe-me contar o que aconteceu na vida de Tom Hartman. Às vezes a ajuda vem de uma forma que parece negativa, mas acaba sendo positiva. Um exemplo é o dono da loja, que pareceu cético e pensou consigo mesmo enquanto Tom comprava as roupas: "Eu acho que ele não vai conseguir". Tom Hartman disse: "Vou mostrar para ele".

A garotinha que disse "olha o homem gordo" não percebeu o quanto ajudou Tom Hartman em seu projeto. E o irmão dele, que comprou aquelas fitas, certamente também foi de enorme ajuda.

Eu disse que Tom ouviu aquela gravação de autoimagem mais de quinhentas vezes. Você deve estar pensando: "Você só pode estar brincando comigo! Quer dizer que ele se beneficiou mais de quinhentas vezes, a cada vez que ouviu?".

Agora vou fazer uma afirmação muito forte, mas que não tenho como provar: honestamente, acredito que mais pessoas perderam peso em definitivo como resultado direto de ouvir minhas gravações do que de qualquer livro de dietas que você já tenha visto.

Essa é uma afirmação ousada, mas centenas e centenas de pessoas já iniciaram uma conversa comigo dizendo: "Eu comecei a ouvir essas fitas e perdi vinte quilos", ou cem quilos, ou o que quer que tenha sido.

Deixe-me explicar por que isso acontece. Certas coisas ativam o cérebro. Por exemplo, uma música emocionante inunda nosso sistema com endorfina, dopamina, norepinefrina e alguns outros neurotransmissores. O exercício também é algo que ajuda. Assim como ver seu time vencendo o Super Bowl.

A cada vez que Tom ouvia a gravação, ela lhe ativava ora a hipófise, ora outras partes do cérebro. Seu sistema era então inundado com esses compostos químicos, e ele era energizado fisiologicamente. A dopamina e a norepinefrina nos dão energia; as endorfinas nos dão resistência; e todas elas são produzidas quando ouvimos algo emocionante e motivador.

A maneira com que se ativa o cérebro é por meio de uma coisa chamada serotonina. E ela geralmente começa a atuar por volta das dez da manhã, horas depois de termos começado o dia.

Como se ativa o cérebro para impulsionar a serotonina? Você pode conseguir de duas maneiras: fazer algo bom para outra pessoa ou ouvir algo que seja verdadeiramente inspirador.

Há também algo no cérebro chamado galanina. A galanina é o grande vilão. Quando uma pessoa está acima do peso, esse neuropeptídeo devora a dopamina e a norepinefrina. Então, quanto mais acima do peso você estiver, menor será seu nível de energia.

Tom Hartman estava ativando o cérebro para produzir mais dopamina, norepinefrina e endorfinas; e, como resultado, ele desenvolveu energia. Ele estava queimando gordura em vez de consumi-la.

Esse é um dos avanços mais emocionantes de que já ouvi falar. Mais uma vez: quando você mudar a imagem que tem de si mesmo, então tudo em sua vida vai ser diferente.

"Você precisa ter um programa de metas!"

A terceira razão pela qual 97% das pessoas não possuem um programa de metas é porque elas nunca foram convencidas disso. Esse é meu objetivo agora. Eu preciso te convencer, porque você tem que ter um programa de metas. Eu não vou *tentar* te convencer. Eu não *espero* te convencer. Eu *vou* te convencer, porque você *tem que ter* esse programa.

O típico cidadão norte-americano é o que eu chamo de *generalidade errante*. Eles vão trabalhar amanhã porque foi isso que fizeram ontem. Como essa é a única razão para irem trabalhar, eles nunca se tornarão melhores; na verdade, ainda serão piores do que eram ontem, porque amanhã estarão dois dias mais velhos e continuarão sem uma direção específica em suas vidas.

Esse indivíduo típico, quando está trabalhando, pensa assim: "Eu deveria estar passando mais tempo com minha família". Quando está passando tempo com a família, pensa: "Eu deveria estar trabalhando pela minha família". Sua mente está em um lugar, mas o corpo está em outro; e depois ele se pergunta por que não consegue ser mais eficiente.

O mais incrível em um programa de metas é que ele permite que você se concentre, para que seja mais eficiente em casa e no trabalho. Então você terá tempo extra para o crescimento, para a educação e para as atividades que o tornarão mais produtivo.

J. C. Penney expressou isso muito bem há alguns anos, quando disse: "Deem-me um homem que seja um balconista, mas que tenha um objetivo, e eu lhes darei um homem que fará história. Deem-me um balconista sem um objetivo, e eu lhes darei um balconista". Mais uma vez, não é onde você está; é para onde você vai.

A história de Lou Holtz

Uma das minhas histórias favoritas é sobre um jovem que foi demitido de seu primeiro emprego como treinador esportivo na Universidade da Carolina do Sul.

Um novo treinador-chefe tinha acabado de chegar e demitido toda a equipe; mas ele gostou daquele jovem treinador e deu-lhe alguns conselhos paternos: "Filho, você não está preparado para ser um treinador. Eu o aconselho a ingressar em outra área".

Naquela época, aquele jovem tinha um sonho: ser o treinador principal do time de futebol da Universidade de Notre Dame. Ele agradeceu ao homem pelos conselhos e decidiu que seguiria em sua carreira.

Na Universidade do Estado de Ohio, Woody Hayes deu a ele uma chance. Mais tarde, o William & Mary College fez dele seu treinador principal. Ele fez um trabalho tão fabuloso ali que logo foi convidado para ser o treinador principal da Universidade Estadual da Carolina do Norte, onde conquistou a melhor taxa de vitórias que a escola já havia registrado.

Em seguida, o jovem viveu uma curta experiência de um ano treinando equipes profissionais. Mas ele amava ensinar aqueles em início de carreira e voltou como treinador principal do time da Universidade de Arkansas – onde, mais uma vez, construiu um novo recorde de vitórias.

Um ano, o time foi convidado a disputar o campeonato Orange Bowl, em um jogo contra o Oklahoma Sooners. No entanto, três de seus jogadores foram pegos com uma mulher no quarto. O treinador investigou a história, verificou que era verdadeira e, sem qualquer hesitação, expulsou os três rapazes da equipe.

Esse foi o seu pecado: 90% dos placares e 90% das jardas eram conquistados por aqueles três jogadores. A mídia especulava que os Arkansas Razorbacks deveriam desistir do Orange Bowl, porque obviamente não teriam chance contra o Oklahoma. Eles já eram azarões, mesmo antes da demissão dos jogadores.

Mas o treinador decidiu fazer um balanço do que tinha, em vez de se preocupar apenas com o que havia perdido. Ele percebeu que ainda contava com o maior pontuador, o melhor chutador e a defesa menos vazada do país. Fez com que os jogadores verbalizassem seus pontos fortes e os repetissem diversas vezes.

O resto, como se costuma dizer, é história. Aquele time de futebol era pura inspiração. Eles venceram o Oklahoma por 31 a 6, uma lavada.

Mais tarde, o treinador foi para a Universidade de Minnesota, que possuía um tremendo programa de futebol americano e fazia uma temporada vitoriosa. Ao assinar o contrato, Holtz pediu algumas cláusulas de exceção: "Se os figurões de Notre Dame me disserem 'queremos que você treine o nosso time', e eu já tiver colocado vocês em uma final nos próximos três anos, quero ser liberado do contrato". Eles concordaram com isso.

No final do segundo ano, Notre Dame convidou Lou Holtz para ser seu treinador principal de futebol.

As metas realmente funcionam. Eu gostaria de ressaltar algo muito significativo. A diretoria de Notre Dame já desejava que Lou fosse seu treinador desde o dia em que ele demitira aqueles três jogadores do time de futebol do Arkansas. Eles concluíram: "Aí está um homem mais interessado em desenvolver o caráter das pessoas para a vida do que em apenas ganhar partidas de futebol".

Os poderosos disseram: "Se ele estiver disponível quando precisarmos de um treinador, será o nosso homem". Metas construídas sobre uma base sólida funcionam, sim.

Vou repetir esse ponto, porque a repetição é a mãe do aprendizado. E o aprendizado é o pai da ação, que é a arquiteta da realização.

A Faculdade de Medicina da UCLA (Universidade da Califórnia em Los Angeles) realizou um estudo sobre as pessoas que vêm aos meus seminários, estabelecem programas de metas e desenvolvem um plano de ação para seguir seus programas. Veja o que eles descobriram: aqueles que definem suas metas e desenvolvem um plano de ação ganham em média US$ 7.401 por mês. Aqueles que recebem a mesma informação e dizem "é boa, mas não é para mim" ou "talvez mais tarde, não agora" ganham em média US$ 3.397 por mês. Ou seja, vale a pena estabelecer metas.

Sabe o que é ainda mais incrível? Esse estudo mostrou que:

1. as pessoas que estabeleceram metas tiveram uma melhora em sua vida familiar;
2. a saúde delas também melhorou;
3. seu equilíbrio na própria vida se tornou infinitamente melhor. É disso que se trata um programa de metas.

Você precisa ter metas. Imagine Sir Edmund Hillary, o primeiro homem a escalar o Monte Everest, a montanha mais alta do mundo inteiro, descendo daquela montanha e tendo que encarar um repórter perguntando: "Diga-me, como você conseguiu escalar a montanha mais alta do mundo inteiro? Como você fez isso?".

Você acha que Hillary respondeu: "Bem, eu estava apenas de passagem por aqui"? Não seria ridículo?

Por outro lado, não há um número incrível de pessoas que passam mais tempo planejando a festa de casamento do que o próprio casamento? Que passam mais tempo planejando férias de duas semanas do que as próprias vidas?

De fato, Edmund Hillary não conquistou o Monte Everest na primeira vez que tentou. Vários alpinistas de sua equipe morreram ao longo da escalada. Mesmo assim, foi uma façanha tão notável que ele foi convidado pelo Parlamento Britânico para receber a maior honraria da Inglaterra. Quando ele adentrou a sessão solene, todos se levantaram como uma só pessoa e o aplaudiram de pé por muito tempo. À frente do Parlamento, havia uma imagem enorme do pico do Monte Everest.

Hillary, ignorando a multidão, caminhou direto até a foto, ergueu os punhos em direção a ela e disse: "Desta vez você venceu, mas você é tão grande quanto pensa. Eu ainda estou crescendo".

Ah, então você não alcançou seus objetivos na primeira vez que os definiu. E daí? A falha é apenas um evento, não é uma pessoa. O ontem terminou ontem à noite. Hoje é um novo dia. Os obstáculos podem ainda estar lá; mas, quando você continua a crescer, suas chances de superá-los e alcançar seu objetivo aumentam drasticamente.

Agora, imagine o presidente do conselho diretor da General Motors. Alguém pergunta a ele: "Como você chegou a ser o presidente do conselho?". Ele diz: "Ah, eu só apareci para o trabalho. Eles começaram a me promover, e aqui estou eu".

Não tem como isso acontecer. Precisamos ter um plano, e os planos que desenvolvemos nos permitem fazer muito mais das coisas que queremos fazer. Se você não tem tempo para definir metas agora, provavelmente nunca teve – e nunca terá.

Não sei quantos de vocês se lembrarão do nome de Howard Hill. Como um bom garoto do Alabama, ele participou de 283 torneios de tiro com arco durante a vida e ficou em primeiro lugar em todos eles. Matou um búfalo do Cabo, um elefante e um tigre de Bengala com um arco e flecha. Eu vi em alguns noticiários que conseguiu atingir o centro de um alvo a cinquenta metros de distância; e depois, com a flecha seguinte, partiu a primeira ao meio.

Hill era um homem notável. Diziam que ele poderia vencer qualquer atirador do mundo à distância de cinquenta metros. Ele matou um tubarão de 4,5 metros a 5,5 metros de profundidade – ou era um tubarão de 5,5 metros em 4,5 metros de profundidade? Bem, tudo que sei é que era grande e estava lá embaixo. E ele o matou com um arco e flecha.

Eu nunca atirei com arco e flecha profissionalmente, mas sou um instrutor admirável. De fato, deixando a modéstia de lado, posso dizer sem medo: eu conseguiria ensinar qualquer um de vocês. E, se sua saúde e sua visão estiverem boas, ao final de vinte minutos comigo, você acertará o centro do alvo. Mais rápido do que Howard Hill poderia ter feito no melhor dia da vida dele – é claro, depois de vendarmos os olhos de Howard Hill e fazê-lo girar algumas vezes, para que ele não tivesse ideia de onde estava atirando.

Você deve estar rindo e dizendo: "Puxa, Ziglar, esse é o exemplo mais tolo que já ouvi na minha vida! Como diabos um homem poderia acertar um alvo que não consegue enxergar?".

Essa é uma boa pergunta. Mas eu tenho uma ainda melhor: como você pode atingir um alvo que ainda nem tem? Você já tem um alvo?

Meu objetivo com tudo isso é ajudá-lo a sair da sobrevivência para a estabilidade; da estabilidade para o sucesso; e do sucesso para o propósito.

Agora vou perguntar novamente:

- Você já listou seus objetivos?
- Você identificou os benefícios que surgirão quando alcançá-los?
- Você listou os obstáculos que precisará superar para chegar lá?
- Você já identificou as pessoas, os grupos e as organizações com as quais precisará trabalhar para chegar lá?
- Você desenvolveu um plano de ação?
- Você já identificou o que precisa estudar?
- Você já definiu um prazo de conclusão?

É disso que estou falando, quando entramos no programa de metas em si.

"Eu não sei como!"

Muitas vezes, as pessoas dizem: "Olha, Ziglar: a primeira razão pela qual não tenho um programa de metas é o medo. A segunda razão é a minha autoimagem ruim. A terceira razão é apenas nunca ter sido totalmente convencido de que preciso tê-lo. E a quarta razão é não saber como fazer".

A quarta razão pela qual 97% das pessoas não têm metas é não saber como montar um programa de metas. Esse será o assunto do próximo capítulo.

Capítulo 3

COMO DEFINIR METAS

Pessoalmente, acho que todo mundo – mesmo os alunos da sexta, sétima e oitava séries – deveria escrever seu próprio livro intitulado: *O que você deve fazer para tirar o máximo proveito da vida.* Quando escrevi meu livro *See You at the Top* ("Nos encontramos no topo"), eu poderia muito bem ter colocado isso como título, porque era disso que se tratava.

Na verdade, as primeiras palavras que escrevi em *See You at the Top* foram as mesmas que mencionei na história de Tom Hartman: você pode ir aonde quiser. Você pode fazer o que quiser. Você pode ser do jeito que quiser. Essas não permaneceram as primeiras palavras do livro, mas foram as que escrevi originalmente.

Depois de escrever essas palavras, olhei para elas e comecei a falar comigo mesmo. Hoje em dia, falar consigo mesmo é completamente normal. A Dra. Joyce Brothers diz que as pessoas que falam consigo mesmas estão acima da média em inteligência; então, se você ainda se sente culpado por isso, não se sinta.

Quando escrevi essas palavras, notei que estava segurando o livro bem longe, porque uma cintura de 105 centímetros e quase cem quilos de Zig Ziglar estavam entre mim e aquelas páginas. Ocorreu-me o pensamento de que, um dia, um de vocês viria até mim, sorriria e diria:

– Ziglar, você acredita em todas essas coisas que escreve?

Eu responderia:

– Claro que sim!

Então eu poderia imaginá-lo dizendo:

– Você acredita mesmo em tudo?

– Ora, é lógico que eu acredito.

E eu poderia imaginá-lo me cutucando naquela cintura imensa e dizendo:

– Ziglar, você acredita mesmo?

Então eu teria que dizer:

– Bem, você sabe como é... Nós, autores, nos permitimos um pouco de licença poética de vez em quando.

– Em outras palavras, Ziglar, você mente.

– Ei, amigo, não me chame de mentiroso! Ninguém gosta de mentirosos.

– Bem, no mínimo, você é um hipócrita.

– Não me chame de hipócrita. Com certeza, ninguém gosta de hipócritas. Algumas pessoas nem sequer vão à igreja, porque é um lugar onde não há nada além de um bando de hipócritas.

(Eu sempre digo aos meus amigos: não deixem que isso os impeça. Entre os hipócritas, sempre há espaço para mais um.)

De qualquer forma, eu sabia que, se incluísse essas palavras naquele livro, eu teria que fazer algo com relação a *mim*. Então fui até a Clínica Cooper, onde me colocaram em um programa de dieta e exercícios. O endocrinologista era o Dr. Randy Martin, um daqueles entusiastas altamente motivados, dedicados, comprometidos e muito saudáveis. Ele era esguio e se preparava para correr a Maratona de Boston.

A primeira coisa que fizeram foi tirar dois litros do meu sangue. Bem, pareceram dois litros. Foram tantos frascos que pensei estar fazendo uma doação para o banco de sangue (depois eu fiz mesmo).

Em seguida, eles me colocaram na esteira. Você só tem que andar, andar e andar. Quanto mais tempo conseguir, melhor será sua condição física.

Olhei para aquela agulha no mostrador, e a pior condição possível era "péssimo". Eu decidi sair dela para apenas "ruim" e consegui – por cerca de quatro segundos.

Quando tudo acabou, o Dr. Martin me chamou para uma consulta e disse:

– Sr. Ziglar, tenho o prazer de informá-lo que o senhor não está com sobrepeso.

– Isso é maravilhoso! – eu respondi.

– No entanto, o senhor precisa perder quinze centímetros de cintura.

– Bem, doutor, o que posso fazer a respeito?

Então ele começou a me entregar um calhamaço de papéis; e, a cada folha que me passava, ele me dizia muito mais coisas do que eu queria ouvir.

Ele terminou declarando:

– Sr. Ziglar, só quero que o senhor saiba que está em uma condição física maravilhosa.

– Isso é fantástico.

– Para uma pessoa de 66 anos.

– Doutor, eu tenho 46 anos!

Ele respondeu:

– Justamente. Você está em péssima forma. O que estou oferecendo é uma perspectiva.

E, mais uma vez, ele repassou todas as coisas que eu deveria fazer.

Quando cheguei em casa, a Ruiva disse:

– Suponho que agora você vá começar a dar umas voltas pelo bairro.

– Sim, eu vou.

– Bem, se o meu gorduchinho de 46 anos vai sair correndo pela vizinhança, eu quero que faça isso do modo mais bonito possível.

Então ela saiu e comprou para mim algumas camisetas e shorts de corrida extravagantes. Eu já tinha comprado os tênis que o médico havia recomendado.

Também já tinha feito uma coisa muito, muito feia; mas eu ainda não tinha lido Ann Landers naquela época e vou usar isso como desculpa. Ann Landers diz que não devemos roubar páginas das revistas de outras pessoas.

Havia uma revista antiga no consultório do médico, que tinha um anúncio de shorts da Jockey.[4] Se você já viu algum anúncio da Jockey, sabe que eles nunca colocariam seus shorts em garotos gordos. Roubei aquela foto e a pendurei no espelho do meu banheiro. Eu disse para mim mesmo: "Esse é meu modelo. É assim que vou ficar".

Na manhã seguinte, o relógio de oportunidades (que as pessoas negativas chamam de despertador) tocou às cinco e meia. Levantei da cama, coloquei minha roupa de corrida extravagante, saí pela porta da frente e consegui correr a distância de um quarteirão.

Mas me saí melhor no dia seguinte. Venci um quarteirão e mais uma caixa de correio. No dia seguinte, foram um quarteirão e duas caixas de correio; e depois um quarteirão e mais três; um quarteirão e mais quatro; um quarteirão e mais cinco.

---

4. A *Jockey International* é uma fabricante norte-americana de roupas íntimas, pijamas e roupas esportivas, fundada em 1876, com sede em Kenosha, Wisconsin. (Nota da Tradutora.)

Lembro-me muito bem do dia em que consegui dar a volta completa no quarteirão. Acordei toda a família e disse: "Adivinhem o que papai fez!". Então, um belo dia, eu corri oitocentos metros; depois um quilômetro e meio, depois três, quatro, cinco.

Comecei a fazer abdominais. Só consegui oito na primeira vez; depois foram dez, depois vinte, trinta, cinquenta, cem, duzentas. Também comecei a fazer flexões. Só consegui fazer seis na primeira vez; depois foram oito, depois dez, vinte, trinta, quarenta. Algum tempo depois, já conseguia fazer flexões batendo palmas. E também com a ponta dos dedos.

Meu peso começou a cair de 100 para 75 quilos. As pessoas me diziam: "Aposto que você estava fazendo sua dieta religiosamente, enquanto tudo isso estava acontecendo". Em parte, isso é verdade, porque parei de comer na igreja.

Enquanto você está lendo isso, deve estar pensando: "Esse cara está tentando me fazer perder peso". Não, esse não é o propósito do que estou dizendo. O objetivo de tudo isso é demonstrar o passo a passo para estabelecer suas metas.

Dicas para perder peso

Aliás, se você está interessado em perder peso, tenho quatro dicas para você.

O primeiro passo, que é de longe o mais importante, é: fique longe do queijo cottage. Muitas pessoas não sabem, mas o queijo cottage é o alimento que mais engorda no planeta Terra. Não tenho dados científicos para comprovar, mas concluo que só pode ser isso. Porque já viajei por quase todo o mundo e notei uma constante: somente as pessoas gordinhas comem queijo cottage. Portanto, fique longe dele.

Número dois: faça um exame físico completo. E número três: certifique-se de que seja com um médico magro. Um médico gordinho não saberá te ajudar a perder peso. Obviamente, eles acreditam que isso não é importante, senão já teriam feito algo por si mesmos.

Número quatro: consulte-se com um médico positivo. O que é um médico positivo? A maioria dos médicos, quando começa a falar com você sobre peso, dirá: "Não coma isso, não coma aquilo, deixe isso pra lá, não toque nisso". Ou seja: se você gosta, não pode comer. Se você não gosta, pode comer à vontade.

Eu adorei a abordagem do Dr. Martin sobre os alimentos adequados para se comer. Ele disse: "Sr. Ziglar, você ficará encantado em saber que pode comer o que quiser. Na verdade, eu fiz uma lista com tudo que o senhor gosta". E isso tornou tudo muito mais simples para mim.

Existem muitas dietas diferentes e muitos livros de dieta diferentes. Mas um livro maravilhoso sobre esse assunto é *The Aerobics Program for Total Well-Being* ("Programa de aeróbica para o bem-estar total"), do Dr. Kenneth H. Cooper.

Ofereço essas dicas sobre perder peso simplesmente para explicar que podemos seguir todo esse caminho por meio da definição de metas; e uma meta bem definida já é uma meta parcialmente alcançada.

Procedimento passo a passo

Como é o procedimento passo a passo? Deixe-me primeiro dar a má notícia: leva um tempo para fazer isso. De fato, para fazer isso do jeito certo, para ter um programa de metas completo e bem equilibrado, você levará entre dez e vinte horas. É bastante tempo. Isso desencoraja muitas pessoas, mas posso garantir com toda a certeza que o que estou sugerindo que você faça é exatamente o que eu faço, todos os dias.

Se você seguir este procedimento, economizará de duas a dez horas por semana, o que permitirá que você faça não apenas as coisas importantes, mas também as coisas que realmente deseja fazer. Você começará a perceber que o tempo é seu maior patrimônio, e o uso desse tempo desempenha um papel importante no que você é capaz de fazer na vida. A má notícia: leva tempo para definir essas metas; a boa notícia: isso economiza muito tempo.

E aqui vão mais algumas boas notícias. Se você sabe descobrir quanto é 12 × 12, você também pode descobrir quanto é 2865 × 9412. Isso porque existe uma fórmula precisa a ser seguida. Quando você aprender a definir uma meta palpável, também saberá como definir uma meta mental, espiritual, social, financeira ou familiar, porque o procedimento é o mesmo. Não é nenhum mistério. É apenas um procedimento.

A lista de ideias malucas

Passo número um: para definir seus objetivos, você precisa pegar uma folha de papel. Eu chamo isso de *lista de ideias malucas*. Escreva tudo o que você quer ser, fazer ou ter.

Muitas pessoas dizem: "Ah, Ziglar, isso vai levar uns três dias". Eu posso garantir que 90% de tudo o que você quer ser, fazer ou ter, e que estiver rondando sua mente neste momento, estará no papel dentro de uma hora. Escreva tudo.

Por que eu digo para escrever essas coisas? A escrita requer mais concentração e fica gravada de forma mais profunda na mente subconsciente.

Agora deixe-me dizer-lhe qual é (de longe) o maior benefício de seguir um programa de metas: você programa o lado esquerdo do seu cérebro, e isso libera o lado direito criativo. Se seguir esses passos, você será catapultado muitos passos à frente.

A edição de setembro/outubro de 1992 da revista *Psychology Today* trouxe um artigo fascinante sobre por que os estudantes chineses se saem muito melhor em Matemática do que os estudantes norte-americanos. A principal razão apontada foi que os estudantes chineses estudam a tabuada de multiplicação até que ela se torne quase nauseante. Repetidamente. Eles repetem, repetem e repetem. O lado esquerdo do cérebro fica completamente programado. Se você acordar qualquer um deles às duas e meia da manhã e perguntar "Quanto é 23 × 31?", *bang!*, eles dão a resposta na hora.

Isso programa o cérebro com tanto cuidado que, quando os alunos entram no nível abstrato, o que requer criatividade, eles se revelam infinitamente mais eficazes.

Permitam que eu dê alguns exemplos. Acredito que Michael Jordan seja um dos maiores atletas que já viveram; ele tem tremendas habilidades atléticas e muita criatividade. Deixe-me explicar por quê. Ele passou milhares de horas aprendendo todos os fundamentos do basquete: o drible, o passe, o arremesso, o rebote. Quando ele se depara com uma situação com a qual nunca foi confrontado antes – e nunca houve um jogo em que cada jogador não tenha sido confrontado com algo que nunca enfrentou antes –, a técnica em seu lado esquerdo do cérebro está tão consolidada que ele é livre para ser criativo com o lado direito do cérebro. Felizmente, ele também tem a habilidade atlética para complementar essa criatividade.

Uma das concepções errôneas que têm sido apregoadas pela indústria é a de que você pode ser promovido muito rápido. Você pode subir antes de ter todos os detalhes consolidados em seu lado esquerdo do cérebro, mas sua criatividade nunca será totalmente liberada para criar ideias inovadoras.

Hoje em dia, uma das maiores dificuldades da alta administração é descer ao degrau mais baixo para perguntar sobre novas formas de melhorar o trabalho. Esses indivíduos do andar de baixo têm feito seus trabalhos rotineiros milhares de vezes. Eles desenvolvem muitas ideias criativas no processo; mas, devido à sua personalidade e posição, ou devido à política de portas fechadas de muitas empresas, não podem ir aos níveis superiores para dizer: "Eu tenho uma ideia".

Voltando ao nosso exercício: quando você escrever aquilo que deseja, estará disciplinando seu lado esquerdo do cérebro; estará efetivamente aprendendo. Isso vai liberar o lado direito da sua mente.

O segundo passo ao estabelecer essas metas é esperar de 24 a 48 horas; pessoalmente, estou convencido de que 48 horas seja o melhor. Nesse período, mantenha a lista com você, porque ainda adicionará meia ou uma dúzia de coisas a ela.

Ao final das 48 horas, para cada coisa que você escreveu, pergunte a si mesmo: "Por que eu quero ser, fazer ou ter isso?". Se você não souber responder a essa pergunta com uma frase, então, neste momento, esse não é um objetivo viável para você.

Quando contei a história da cafeteria, fiz questão de afirmar que não se pode comer tudo que tem no cardápio. Na vida, você não pode ter tudo o que está lá fora. Existem mais de cinquenta mil maneiras de ganhar a vida. Você morreria de fome se tentasse fazer cinquenta mil coisas para ganhar a vida. Você tem que se concentrar.

Nosso objetivo principal agora é encurtar essa lista. Você não pode ser, fazer e ter tudo. Por exemplo: você não pode ser rude ou desagradável e querer ter amigos; você não pode ser um gastador e querer acumular riquezas; você não pode tomar sorvete de amêndoas com chocolate francês três vezes ao dia e continuar fisicamente saudável. Você não pode trabalhar o dia todo e festejar a noite toda. Você não pode jogar golfe ou pescar cinco dias por semana, nem passar três horas assistindo à televisão diariamente, e terminar seu mestrado. Você não pode escrever uma coluna diária e jogar no time de softbol da empresa. Você não pode participar de todos os esportes ou atividades divertidas e ir aos encontros sociais da igreja.

Gostaria de contar sobre um joguinho que eu jogo. Eu faço isso a cada três anos, e o objetivo é dizer "não" às coisas boas para que possamos dizer "sim" às melhores. Isso faz parte da maturidade. Faz parte da responsabilidade. Faz parte de tomar decisões e fazer as escolhas certas.

Na última vez que fiz isso, listei todas as coisas que gostaria de fazer naquele ano. Aqui estão algumas delas: eu queria realizar mais palestras para famílias; começar um programa de rádio diário; escrever uma coluna de jornal diária; fazer campanhas para abolir da televisão a publicidade excessiva sobre bebidas, violência e sexo; trabalhar em campanhas políticas para eleger pessoas mais qualificadas para os cargos públicos; passar mais tempo com minha equipe; escrever pelo menos um livro; aprender a falar espanhol; me envolver mais socialmente com os vizinhos; ler e pesquisar um mínimo de três horas por dia, mas, de preferência, quatro; fazer pelo menos uma hora de atividades físicas; e ser mais ativo em clubes cívicos e sociais. Eu também queria estabelecer um recorde para as pessoas da minha idade na esteira da Clínica Cooper; queria ir para a Rússia e para a China; e queria jogar golfe cinco dias por semana.

Quando coloquei todas essas coisas na lista e calculei a quantidade de tempo que elas levariam, cheguei a 368 horas por semana. Mas há apenas 168 horas disponíveis.

O que eu deveria fazer? Eu tinha que começar a eliminar as coisas que não eram realmente importantes. Mas, antes de riscá-las, não podia cair na tentação de dizer: "Mas eu queria fazer isso e queria fazer aquilo e aquilo também". É por isso que tantas pessoas levam a vida sendo frustradas.

Algumas metas precisam ser grandes

Uma coisa que me preocupa na publicidade são as promessas que ela oferece: se você usar esse desodorante, ou esse creme de barbear, ou perfume, será irresistível para as pessoas do sexo oposto; se você fizer isso, vai direto para o topo. Isso é uma ilusão, mas, se for repetido com frequência suficiente, torna-se crível. Expectativas irrealistas são a semente da depressão. Nós estamos aqui tentando criar um programa que nos permita saber o que realmente queremos fazer na vida e planejar para que tenhamos uma chance legítima de conseguir.

A revista *Psychology Today* menciona que, hoje em dia, um norte-americano de vinte anos de idade tem dez vezes mais chances de estar deprimido do que seu pai, de quarenta anos, e vinte vezes mais do que seu avô, de sessenta. Por quê? Expectativas irrealistas.

Ao mesmo tempo, precisamos perceber que alguns objetivos devem ser grandes. Grandes objetivos criam entusiasmo.

Eu adoro a história do velho "Gentleman" Jim Corbett. Certa manhã, o campeão mundial dos pesos-pesados estava fazendo sua corrida matinal e avistou um pescador. Ele apanhava peixes pequenos e apanhava peixes grandes. A cada lançada, apanhava um peixe; mas Corbett notou que ele estava jogando de volta os peixes grandes e ficando com os pequenos. Ele nunca tinha visto aquilo antes.

Correu até o pescador e disse:

– Eu adoro pescar! Mas você está fazendo algo que nunca vi. Você está jogando os grandes de volta e mantendo os pequenos. Por que diabos está fazendo isso?

O pescador balançou a cabeça tristemente e respondeu:

– Você não imagina como odeio fazer isso, mas simplesmente não tenho escolha. Veja, eu só tenho essa frigideira pequenininha.

Antes de começarmos a rir bem alto, deixe-me enfatizar um ponto: essa história fala sobre você e sobre mim. Muitas vezes temos um grande sonho, um grande objetivo, uma grande ideia. Mas, assim que nos vemos diante dele, nós dizemos: "Oh, não, Senhor! Não me dê um peixe tão grande. Tudo que eu tenho é apenas esta pequena frigideira. Dai-me um peixe pequeno. Além disso, o Senhor sabe que não é uma boa ideia. Se fosse boa, alguém já teria pensado nisso há muito tempo".

Não é trágico que não confiemos mais em nós mesmos? Mais uma vez, esse é o propósito deste livro: inspirar confiança. Então, quando essas grandes ideias vierem, você começará a trabalhar nelas de tal forma que possa colocá-las em prática.

Você também deve ter alguns objetivos de longo prazo. Numa segunda-feira à tarde, eu posso embarcar em uma aeronave com destino a Miami. Quando faço isso, ela está indo direto para Miami. Vinte minutos depois, ela não estará mais indo para Miami, porque a direção e a velocidade do vento mudarão. As atrações gravitacionais da Terra, da Lua, do Sol e das estrelas vão puxá-la ligeiramente para fora do curso; então o capitão da aeronave vai virá-la, voltar para Dallas-Fort Worth e pousar; e então vamos começar de novo.

Você acredita no que acabei de dizer? O que o capitão da aeronave vai fazer? Ele não vai mudar sua decisão de ir; apenas vai mudar de direção para chegar lá.

Você ficaria surpreso com o número de pessoas que estabelecem um objetivo, encontram um obstáculo e, em seguida, levantam as mãos dizendo: "Acho que não devo fazer isso". Em vez de serem criativas e mudar de direção para chegar lá, elas abandonam o objetivo.

Metas de longo prazo ajudarão você a superar frustrações de curto prazo. Não vou ser negativo. Eu seria como aquele garotinho que chegou da escola, um dia, e disse:

– Pai, estou com medo de ter sido reprovado na prova de aritmética.

O pai respondeu:

– Filho, isso é negativo. Seja positivo.

– Pai, eu positivamente fui reprovado na prova de aritmética.

Eu sou positivo quando digo o seguinte: você enfrentará problemas, decepções, derrotas, reveses e contratempos.

Você acha que seu filho vai ser um grande jogador titular, mas ele não vai fazer o teste da peneira. Você acha que vai fazer uma grande venda, mas perde a última que fez. Você acha que vai conseguir a promoção, mas é demitido. Você acha que tudo está indo bem, mas logo depois descobre que nada vai bem. Isso faz parte da vida.

Se você tiver um programa equilibrado de metas de longo prazo, um revés desse tipo poderá ser encarado como um seixo na areia da praia – dependendo, é claro, da gravidade dele; mas muitas vezes é apenas uma pedrinha na areia. Acontece que, se você não tiver uma direção real na vida, verá esse problema como se fosse toda a orla marítima.

A regra é a seguinte: você irá tão longe quanto puder enxergar. E, quando chegar lá, será capaz de enxergar mais longe.

Outros tipos de metas

Algumas metas devem ser pequenas e diárias. Essa é a parte chata, mas também a mais emocionante. Requer disciplina, porém, toda vez que você der um passo adiante, perceberá que está progredindo. Como diz o velho ditado: "Você pode comer um elefante, um pouco de cada vez". Ou ainda outro, que também é verdadeiro: "A pessoa que move montanhas é aquela que começa tirando as pedrinhas".

Alguns objetivos devem ser contínuos. As metas educacionais, por exemplo. É incrível o número de pessoas que pensam que, após a colação de grau e o diploma, seus dias de estudante acabaram. Mas é aí que a educação realmente começa.

Construir uma autoimagem saudável é um objetivo contínuo; porque você pode ter uma autoimagem maravilhosa hoje, mas amanhã pode ocorrer um desastre. E então você dirá: "Eu sou um nada. Eu sou ninguém".

Construir um relacionamento melhor com seu cônjuge e seus filhos é um objetivo contínuo. Melhorar no trabalho é um objetivo contínuo.

Alguns objetivos podem exigir uma consultoria. Tanto a minha família quanto a minha empresa possuem um consultor financeiro. "Mas, Ziglar, você não sabe como administrar o seu dinheiro?" Não. Não tão bem quanto ele. Então eu preciso de alguém para me ajudar nesse sentido.

Quando fui me consultar com o Dr. Martin, sabia que precisava perder peso. Isso era óbvio. (Eu tinha me visto em uma foto, deitado no trampolim da minha piscina – apenas uma parte de mim estava sobre ele.) Eu sabia que precisava perder algum peso. Eu só não sabia o quanto.

Dr. Martin disse: "Esta é a quantidade de peso que você precisa perder". E então eu pude me concentrar, porque era algo bem específico e envolvia pequenos objetivos diários.

E eu sempre recorro a outro Consultor quando existem coisas que quero fazer, especialmente se forem muito importantes. Eu oro muito a respeito delas. Pergunto a Deus: "Este objetivo serve para mim?".

Você pode me perguntar: "E o que Deus responde?".

Nem sempre Ele me diz: "Sim, Zig, vá e faça isso". Mas eu posso afirmar o seguinte: se aquele não for o objetivo certo para mim, Ele não me dará a paz necessária para prosseguir.

A maioria dos objetivos deve ser específica. Eles *precisam* ser específicos. Porque, quando seus objetivos são específicos, as coisas acontecem.

Alguns anos atrás, eu estava a bordo de uma aeronave sobrevoando as Cataratas do Niágara. Estávamos a cerca de nove mil metros de altura, quando o capitão disse: "Passageiros do lado direito da aeronave, eu vou inclinar o avião ligeiramente para a esquerda. Vocês precisam apreciar as Cataratas do Niágara".

O avião estava meio vazio, então fui para a esquerda. A nove mil metros, quase dez quilômetros de altura. É muito alto; mas, mesmo a uma distância de dez quilômetros, podíamos vislumbrar o enorme poder de seiscentos milhões de litros de água que fluíam por minuto daquelas quedas. Os borrifos formavam nuvens, e podíamos vê-las mesmo a nove mil metros. Vocês ficariam impressionados com o incrível poder das Cataratas do Niágara.

No entanto, por muitos e muitos anos, esse poder impressionante se esvaiu montanhas abaixo e se dissipou ao longe. Então, um belo dia, veio um homem e disse: "Eu me pergunto o que aconteceria se fizéssemos uma construção aqui, para captar uma pequena parte dessa energia, focá-la em um ponto específico, fazer com que ela gire algumas engrenagens, e gerássemos um pouco de hidroeletricidade".

Conclusão: milhões de acres de terra foram cultivados. Milhares de empregos foram criados. Crianças foram educadas e floresceram. Casas, escolas e hospitais foram construídos. As pessoas prosperaram, simplesmente por causa desse foco poderoso.

Quando adquirimos foco, liberamos uma quantidade incrível de poder em nossas vidas.

Verifique se há equilíbrio

Cada uma dessas etapas foi projetada para ajudá-lo a eliminar algumas das coisas que você anotou anteriormente. Como eu disse, você não pode ter sucesso com uma centena de metas e trabalhar em todas elas ao mesmo tempo. Verifique se entre elas há um equilíbrio: físico, mental, espiritual, pessoal, familiar, profissional, social e financeiro.

Você pode percorrer sua lista e se perguntar: se alcançar cada um desses objetivos, eu serei feliz, saudável, razoavelmente próspero e seguro? Terei amigos, paz de espírito, bons relacionamentos familiares e esperança no futuro? Eu vou me ater em uma ou duas áreas? Há muita ênfase no físico ou no financeiro, sem peso suficiente para os objetivos sociais ou familiares? Faça essa pergunta a si mesmo: eu tenho um programa de metas equilibrado?

Você também precisa se fazer cinco perguntas básicas.

A PRIMEIRA PERGUNTA: este é realmente o meu objetivo? Quero mesmo ter um novo Lincoln ou um Lexus? É isso que eu realmente quero? Ou só quero um porque meu vizinho tem?

Eu quero ir para essa universidade porque ela é a melhor, para que eu consiga conquistar o que quero e para investir na minha carreira? Ou quero ir para lá porque o meu melhor amigo está indo, e nós queremos estudar juntos?

Há muitos pastores, encanadores, advogados, médicos, contadores e outros profissionais que não são tão bons quanto poderiam ser, porque não estão fazendo o que realmente queriam fazer. Seus pais, avós, pastores, professores disseram: "Você tem que fazer tal coisa". Eles realmente não pensaram mais nisso, e outra pessoa estabeleceu seus objetivos. Então, pergunte-se: este é realmente o meu objetivo?

A SEGUNDA PERGUNTA: isso é moralmente correto e justo para todos os envolvidos? Você não conseguirá ser plenamente feliz à custa de outra pessoa. E não será plenamente feliz se seus objetivos violarem os princípios morais e éticos sobre os quais a sociedade deve se apoiar.

A TERCEIRA PERGUNTA: alcançar esse objetivo me levará mais perto ou mais longe do meu objetivo maior na vida? Por exemplo: se você está tendo dificuldades financeiras, pegue as perguntas número dois e três, anote-as em um cartão de visitas e coloque-o no bolso. Toda vez que tentar tirar seus cartões de crédito, essa será a primeira coisa que você verá. Faça estas perguntas: "É moralmente correto? Alcançar esse objetivo me levará mais perto ou mais longe do meu objetivo principal na vida?".

Deixe-me contar uma história. Um certo jovem, de quem sou muito próximo e a quem amo muito, veio até mim na época em que foram lançados os CDs. Ele disse:

– Zig, você pode me ajudar a comprar um tocador de CD?

– Talvez.

– Ah, eu gostaria muito de ter um desses.

Esse jovem rapaz adora aparelhos eletrônicos; e, se tiver algo a ver com música e estiver à venda, tem que ser dele.

Eu respondi:

– Deixe-me fazer uma pergunta antes de comprá-lo: é moralmente correto e justo para todos os envolvidos?

Ele pensou por um momento e respondeu:

– Sim, acho que é moralmente correto e justo para todos os envolvidos.

– Ok. Próxima pergunta: comprar esse tocador de CD o levará para mais perto ou mais longe do seu objetivo principal na vida?

Ele olhou para mim e disse:

– Você não quer que eu compre mesmo.

– Não – eu respondi. – A decisão é sua.

Esse jovem era um carpinteiro. Seu objetivo era subir no ramo da construção civil. Ele queria ser um empreiteiro. Para ser um empreiteiro, você precisa ter muitas ferramentas. E ele não tinha essas ferramentas. Ele não precisava gastar dinheiro em um tocador de CD. O que precisava era comprar ferramentas novas.

Não posso afirmar que essas duas perguntas tenham sido a causa dos seguintes acontecimentos, mas ouso dizer que elas desempenharam um papel. Primeiro: ele não comprou o tocador de CD. Segundo: hoje ele é o superintendente de uma das três maiores construtoras de casas dos Estados Unidos. No ano passado, somente no estado em que ele reside, as casas construídas por ele representaram 62% do mercado de construção civil.

Quando você começa a se concentrar no que é importante, quando faz essas perguntas difíceis e as responde, as coisas começam a acontecer em sua vida. Eu vou poder me comprometer emocionalmente a começar e terminar esse projeto? Trata-se de uma questão extremamente importante. Responda a isso honesta e sinceramente.

Eu consigo me ver alcançando esse objetivo? Eu tenho uma imagem mental de mim mesmo chegando lá? Isso é muito importante. Quando você responder a essa pergunta, as coisas começarão a acontecer.

Verifique se há negatividade

Em seguida, precisamos verificar a negatividade. As metas precisam ser grandes; mesmo que estejam fora de alcance, elas não precisam estar fora de vista; porque, se estiverem, você logo perceberá que não pode chegar lá, ficará desanimado e abandonará toda a ideia.

Vou dar alguns exemplos. Há alguns anos, eu estava fazendo um seminário sobre metas em Detroit. O investimento necessário para as pessoas entrarem naquela operação de franquia – era uma franquia de vendas – era de apenas US$ 2.500.

Após a apresentação, um rapaz veio até mim e disse:

– Cara, estou muito animado! Assim eu posso ganhar US$ 1 milhão. Esse é meu objetivo para este ano.

– Que bom! Espero que você possa dividir um pouquinho comigo.

Ele ficou um pouco irritado, pois percebeu que eu estava tirando sarro do objetivo dele, e respondeu:

– Você acha que não vou conseguir, não é?

Aqui nos deparamos com uma questão ética muito importante. Eu exerço o pensamento positivo e respondo "Você pode" ou encaro os fatos e o aconselho a mudar de objetivo?

Eis os fatos: ele tem 25 anos de idade. Ele trabalha há sete anos. Nesse período, não conseguiu economizar US$ 2.500. Isso é menos de US$ 400 por ano. Você acha que, em menos de um ano, ele vai ganhar US$ 1 milhão? Isso é totalmente irrealista. Primeiro, ele tem que levantar os US$ 2.500 para comprar a franquia.

– Vou dizer agora o que precisamos fazer – respondi. – Vamos analisar juntos se é possível detalhar esses pontos e determinar se essa é ou não uma meta realista.

Esse é o processo pelo qual estamos passando agora.

Houve também outro jovem, de que nunca vou esquecer. Ele veio até mim e disse:

– Meu objetivo é ser campeão mundial de boxe na categoria meio-pesado.

Ele tinha 31 anos de idade e pesava cerca de quinze quilos a mais que o ideal para sua altura. Perguntei a ele:

– Você já tem alguma experiência?

– Eu nunca estive dentro de um ringue. Mas outro dia estava lutando com meu cunhado, e você não pode acreditar como foi fácil bater nele.

Aquele jovem teria sido massacrado no ringue, até mesmo por um lutador amador. Tive uma conversa franca com ele sobre pensar primeiro em outros objetivos, tais como perder peso e ficar em excelente forma física, para só depois pensar em uma meta adicional.

Quando as metas são muito irreais, elas são negativas. Elas também serão negativas se estiverem fora do seu campo de estudo e de seus interesses básicos.

Adoro dar uma passada no dentista. Uma razão pela qual faço isso é porque a odontologia teve um impacto importante na minha vida. Quando meus dentes estão sujos, eu logo vou ao dentista; eu realmente faço isso. No entanto, se fosse definir como meta que me tornaria um dentista, isso seria ridículo. Não tenho interesse nisso. Minha carreira começaria pelo menos em dez anos. A essa altura, já teria 76 anos de idade. Eu teria poucos anos para praticar. Simplesmente não seria uma coisa lógica. Não tenho interesse em me tornar dentista.

Outra dica: seu objetivo também pode ser negativo se você acreditar que a sorte é fator determinante para alcançá-lo.

Com quem você compartilha as suas metas?

Muitas vezes me perguntaram: "Com quem você compartilha as suas metas?". Aqui está uma resposta básica: se for uma meta de desistência, conte para todos.

O que é uma meta de desistência? "Vou parar de beber. Vou parar de fumar. Vou parar de xingar. Vou parar de mentir. Vou parar de comer demais." Se for uma meta de desistência, você encontrará uma enorme quantidade de apoio e encorajamento. Todos lhe dirão: "Isso é ótimo. Você consegue".

Todos os programas de doze passos são baseados nisso. Você participa desses programas e ouve outras pessoas dizerem: "Eu consegui. É possível. Vou te ensinar como".

Tudo está interligado: quando você compartilha metas de desistência com todo mundo, isso fortalece seu comprometimento e determinação, e as chances de alcançá-las aumentam.

Por outro lado, compartilhe suas metas de crescimento com muito cuidado. O que é uma meta de crescimento? "Vou ser um jogador titular. Vou escrever um romance *best-seller*. Vou escrever o melhor livro de autoajuda de todos os tempos."

Imagine uma situação em que temos dois vendedores, e um deles diz ao outro: "Este ano, vou ser o vendedor número um da empresa". O outro diz para si mesmo: "Até parece. *Eu* vou ser o vendedor número um da empresa".

Com quem eles devem compartilhar esse objetivo? Ambos devem ir até o gerente de vendas e dizer: "Ajude-me a elaborar um plano para que eu possa me tornar o vendedor número um". O gerente de vendas será o parceiro que irá encorajá-lo.

Compartilhe suas metas com pessoas que você sabe que darão o incentivo de que você precisa para chegar lá. Em seguida, trabalhe nos objetivos secundários por meio de um plano.

O que quero dizer com isso? Se o seu objetivo é criar filhos positivos, obter uma educação melhor, comprar um carro novo, tornar-se o vendedor número um, perder vinte quilos, ganhar aumento, comprar uma casa nova, ser um pai ou companheiro melhor, construir uma autoimagem saudável, você precisa trabalhar esses objetivos por meio de um plano.

Os passos para definir suas metas

1. Identifique a meta.
2. Liste os benefícios.
3. Liste os obstáculos a serem superados.

4. Liste as habilidades e os conhecimentos necessários.
5. Liste pessoas ou grupos com quem precisará trabalhar.
6. Crie um plano de ação.
7. Defina um prazo para a realização.
8. Divida a sua meta em várias etapas.
9. Cultive a responsabilidade e a disciplina diariamente.

PASSO UM: identifique esse objetivo e escreva-o. Por exemplo: a minha meta original, sobre a qual já conversamos anteriormente, era a de pesar 75 quilos e ter uma cintura de 85 centímetros. Foi isso que eu escrevi.

PASSO DOIS: eu listei os benefícios que alcançaria com aquele objetivo.

- Mais energia.
- Menos doenças. (Depois que entrei neste programa, perdi apenas um dia de trabalho em dezesseis anos por motivo de doença. Isso sem contar a vez em que minha vesícula biliar se rompeu, mas isso não teve nada a ver com o que eu fazia.)
- Melhor aparência e maior sensação de bem-estar. (A Ruiva me disse que eu fiquei muito melhor depois de perder todo aquele peso.)
- Maior expectativa de vida (todas as estatísticas apontam para isso).
- Melhor resistência (o que comprovei definitivamente que é verdade).
- Mais produtividade.
- Melhor atitude e disposição.
- Mais criatividade.
- Ser um bom exemplo a dar para os outros.

Listei todos esses benefícios e escrevi: "Motivos para perder peso".

Não importa qual é o seu objetivo: conseguir um emprego melhor, comprar uma casa nova, obter uma educação melhor ou criar filhos positivos. Você deve passar por esse processo.

PASSO TRÊS: quais são os principais obstáculos para alcançar esse objetivo? É incrível como inventamos muitas desculpas. "Lá fora está chovendo; hoje eu não vou conseguir." Eu continuava a correr, mesmo quando fazia quarenta graus abaixo de zero. Continuava a correr, mesmo quando fazia um calor de 45 graus lá fora. Corria quando estava chovendo granizo, quando estava nevando, quando caía uma tempestade.

Era o que acontecia lá fora. Ou você acha que eu saía para a rua com o tempo nessas condições? Eu estava correndo em uma esteira no meu quarto, correndo para cima e para baixo nas escadas, no corredor, na garagem. Sempre encontrava um lugar para correr.

Eu já corri no Alasca; já corri em Londres, em frente ao Palácio de Buckingham. Já corri na África do Sul, em um safári. Já corri em vários lugares. O ponto em que quero chegar é o seguinte: quando você assume um compromisso e percebe quais são os benefícios, você vai olhar para o problema e encontrar uma solução para ele.

Minha agenda é muito irregular. Posso correr à mesma hora todos os dias? De jeito nenhum. Mas algumas pessoas já me disseram: "Zig, quando vou ter tempo para comer? Quero dizer, isso é um problema para mim. Sou tão ocupado que nunca tenho tempo para comer". Você deve fazer o que se programou para fazer e agendar tudo que é importante.

Eu tinha hábitos alimentares terríveis, especialmente tarde da noite – frituras, doces, guloseimas. Estava em condições físicas terríveis. Quando já se está em má forma, você não tem energia para se exercitar e entrar em forma. Mas eu descobri uma coisa surpreendente.

No início, quando comecei a correr, eu saía das palestras exausto; mesmo assim, ia correr. Isso ativava minha hipófise e inundava meu sistema com endorfina – o analgésico da natureza –, e a dopamina e a norepinefrina aumentavam minha resistência e energia.

O que quero dizer com tudo isso? Eu não tinha tempo para *não* correr, porque, a cada trinta minutos de corrida eu ganhava duas horas a mais de produtividade. Não é desperdício de tempo; é um investimento.

Falta de disciplina: essa foi a parte mais difícil para mim. Quando você se disciplina para fazer as coisas que precisa fazer, chegará o dia em que poderá fazer tudo que quiser e quando quiser.

Habilidades e conhecimentos

PASSO QUATRO: quais habilidades ou conhecimentos são necessários para alcançar esse objetivo? No meu caso, eu só precisava saber algumas coisas sobre exercício e corrida. Foi aí que a Clínica Cooper veio ao encontro das minhas necessidades.

PASSO CINCO: quem são os indivíduos, grupos, empresas ou organizações com quem deverei trabalhar? O Dr. Ken Cooper, o Dr. Randy Martin e, obviamente, a Ruiva e eu tivemos que entrar em comum acordo sobre meus horários. Às vezes eu queria começar depois das seis da noite. Ela dizia: "Querido, estou com tanta fome. Podemos comer agora?".

Eu queria correr; então primeiro jantava com minha esposa e depois corria algumas horas a mais. É preciso manter tudo em equilíbrio.

Eu tenho um amigo que se levanta às cinco da manhã, todos os dias, e corre por uma hora. Ele nunca tem tempo para ficar com a família nesse horário. É preciso adaptar seu objetivo, para não descuidar das pessoas que são importantes para você. Essa é a principal razão para se ter um programa completo de metas.

Quando agendo uma palestra, frequentemente sou convidado para fazer uma refeição com a pessoa que a patrocina. Minha secretária sempre diz: "Podemos agendar um horário, desde que ele tenha tempo para fazer seus exercícios". Isso passou a fazer parte do meu cronograma.

PASSO SEIS: qual foi meu plano de ação para alcançar esse objetivo? O mais importante foi ter que assumir um compromisso. Eu também tive que reduzir o consumo de doces (não digo que os eliminei por completo da minha vida). Enquanto estava no processo de perder peso, eu me permitia escolher uma guloseima apenas uma vez por semana, depois de ir à igreja. Mal podia ver a hora de chegar à Braum's[5] e comprar um sorvete de amêndoas com chocolate francês. Só para vocês saberem, é o melhor sorvete do mundo.

Se você já esteve em uma sorveteria, sabe que existem atendentes que são melhores do que outros. Alguns enchem a colher, e outros hesitam em nos dar uma colherada bem cheia.

Então eu observava, para ver quem era mais generoso. Se outra pessoa se aproximasse para me atender, eu sempre ficava de costas. Só quando via que minha primeira opção de atendente estava disponível, eu me virava e pedia uma porção dupla daquele sorvete de amêndoas com chocolate francês.

---

5. A *Braum's* é uma rede norte-americana de sorveterias e restaurantes de fast-food. Com sede em Corsicana, Texas, foi fundada em 1968 por William Henry "Bill" Braum. A empresa possui mais de trezentos restaurantes em cinco estados norte-americanos, principalmente no Texas e em Oklahoma. (Nota da Tradutora.)

Ah, como eu amo um docinho! Ir até lá a cada domingo para comer minha sobremesa tornou-se um objetivo secundário, e então eu estabelecia a meta de ir até lá somente no domingo seguinte. Desde então, muitas coisas boas vêm acontecendo. Hoje em dia, tomar iogurte é tão bom quanto tomar aquele sorvete, sem toda a gordura.

Nada de frituras. Eu acho que não cheguei a comer nem três bocados de alimentos fritos nos últimos três anos.

Faço exercícios diariamente. Como lanches integrais tarde da noite e tenho uma dieta bem equilibrada. Eu como devagar, sempre me sento à mesa para as refeições e bebo oito copos de água todos os dias. Essas coisas funcionaram para mim. E, quando passei por todo esse processo, pude colocar nele uma data de conclusão.

Organize seus objetivos

PASSO SETE: VOCÊ PRECISA definir um prazo para alcançar seu objetivo. No entanto, muitas pessoas estabelecem um objetivo e, em seguida, começam a forçar o andamento para alcançá-lo na data desejada. Isso é receita para o desastre, porque você se torna obcecado por tal objetivo e começa a negligenciar muitas outras coisas.

Eu já perdi as contas de quantas vezes ouvi alguém dizendo: "Eu preciso ter metas! Na verdade, até outubro, eu terei cumprido X metas".

Quando você reúne seus objetivos em um programa, pode descobrir que não será viável comprar um carro novo até outubro. E que em junho do ano que vem pode ser melhor, porque você poderá fazer isso em conjunto com todo o resto.

Mais uma vez: quando organiza suas metas, você não desiste das coisas que são mais importantes apenas para obter as coisas que deseja.

Organizar suas metas implica eliminar muitas metas que já estavam definidas. E como se faz isso?

Escolha quatro metas nas quais conseguirá trabalhar todos os dias. O que você faz com todas as outras quinze ou vinte restantes?

Tenho uma série de objetivos que não consigo trabalhar todos os dias. Por exemplo: um dos meus objetivos de longo prazo é jogar nos cem melhores campos de golfe do país. Claro que não posso fazer isso todos os dias; mas, de vez em quando, eu consigo jogar em um desses cem melhores campos de golfe. Eu abandonei esse objetivo só porque não posso trabalhar nele todos os dias? Claro que não.

Eu sempre escrevo três livros ao mesmo tempo. Obviamente é impossível fazer isso; então como é que eu faço? Começo a pesquisa cinco anos antes. Toda vez que vejo um artigo ou informação sobre o assunto, eu o arquivo. Eu recorto revistas e jornais. Posso não recortar um artigo por semana ou mesmo por mês, mas a ideia periodicamente se mostra diante de mim, pelo menos uma vez por mês.

Eu reviso todas as minhas metas para ter certeza de que todas estão elencadas; mas, semanalmente, escolho quatro delas para trabalhar todos os dias. Consigo fazer essa revisão em dois minutos, em um fim de semana. E posso dizer quando foi uma boa semana para determinada meta, embora não tenha feito muito para alcançar outra (e às vezes isso vai acontecer). Constantemente me lembro de onde estou. Isso me permite fazer mais das coisas que quero fazer.

No início, esse processo exigirá uma disciplina considerável; mas, se você fizer isso por trinta dias, garanto que ficará surpreso, eufórico, motivado, entusiasmado e grato, porque verá mudanças em todos os aspectos de sua vida.

Você deve estar se perguntando: "Ziglar, você diz que leva tempo para estabelecer metas. Quanto tempo leva para segui-las diariamente?". Essa é uma pergunta muito importante. Veja quanto tempo eu levo:

no início da semana, seja no domingo à noite ou na segunda-feira de manhã, dedico trinta minutos para descobrir os quatro objetivos mais importantes em que quero trabalhar nos próximos dias.

Depois disso, a cada dia levo cerca de dez minutos. Eu simplesmente mantenho um cronograma de quanto tempo passei fazendo uma coisa e quanto tempo passei fazendo outra. No fim do dia, faço um resumo. Então consigo avaliar imediatamente se alcancei meus objetivos do dia. E me dou uma nota para cada um, seja ela positiva ou negativa.

Eu consigo avançar em cada um deles todos os dias? É claro que não. Por exemplo: eu não consigo atingir meus objetivos sociais todos os dias. Isso significaria gastar muito tempo fazendo visitas, em vez de fazer outras coisas.

No final da semana, eu marco com caneta vermelha os objetivos que não alcancei. Dessa forma, consigo ter uma visão instantânea para analisar se tive uma semana eficiente.

O progresso exige mudança

Como você alcança todos esses objetivos? Tudo começa quando você reconhece que eles vão envolver mudanças. Nem toda mudança é um progresso, mas não haverá progresso sem mudanças.

Uma pessoa pode mudar? Sim, com certeza pode. Vou contar uma história. Eu tenho um amigo próximo chamado Ike Reighard. Nos primeiros quatro anos de vida, ele viveu nos Apalaches. Quando tinha quatro anos de idade, seu pai, que trabalhava em pedreiras e fábricas de celulose, mudou-se com a família para o centro da cidade de Atlanta.

Ike se tornou o primeiro membro da família a se formar no Ensino Médio. Ele decidiu que iria para a faculdade. Sua família achava isso ridículo. Seus amigos zombaram da ideia. "Ike, você está brincando?" "Não, eu vou para a faculdade."

Ike foi para a faculdade e, logo no primeiro ano, foi solenemente reprovado. Como muitas pessoas, Ike disse: "Dane-se" e não voltou no ano seguinte. Ele foi trabalhar como DJ em uma rádio pirata. Carregou e descarregou caminhões. Fez muitos trabalhos braçais. Ficou fora da escola por seis anos, lutando pela sobrevivência.

Um belo dia, Ike pegou uma cópia do meu livro *See You at the Top*. Pela primeira vez na vida, ele aprendeu algo sobre autoimagem e metas. Pela primeira vez, acreditou que, sim, ele poderia fazer algo maior em sua vida. E decidiu que iria voltar para a faculdade.

Ike se candidatou à Universidade Mercer, em Macon, Geórgia. Eles respeitosamente recusaram seu pedido. Ele se candidatou novamente e, dessa vez, foi pessoalmente defender sua admissão. Eles disseram novamente: "Ike, não tem jeito. Já faz seis anos que você saiu do Ensino Médio. Você foi miseravelmente reprovado na primeira vez. Não tem jeito".

Quando estava saindo da sala, terrivelmente desanimado, ele esbarrou em Jean Hendricks, que era o responsável pelas admissões. A mulher pôde ver que ele estava perturbado e perguntou-lhe qual era o problema. Ele chorou na frente dela. Disse: "Eu quero muito estudar. Agora estou pronto para aprender. Mas eles não me deixam entrar".

Diante de sua franqueza (e, sinceramente, tenho certeza de que as lágrimas desempenharam um papel importante), ela respondeu: "Tudo bem, Ike. Eu aceito sua matrícula, com uma condição. Se ao final deste ano você não tiver uma média B, seu tempo na Mercer estará acabado".

Dois anos e três meses depois, Ike Reighard se graduou com louvor. Hoje, a trinta minutos de carro do centro de Atlanta, onde foi criado, ele pastoreia uma das igrejas que mais crescem nos Estados Unidos. Ministra muitos seminários para jovens. Está fazendo uma diferença dramática em muitas vidas. Ele diz com frequência que todos podem mudar.

Uma definição para a insanidade é pensar que é possível continuar fazendo a mesma coisa todos os dias e, de alguma forma, obter resultados diferentes. Isso simplesmente não vai funcionar. Você precisa ter vontade de mudar. Precisa ter uma visão.

Quando Alexandre, o Grande, teve uma visão, ele conquistou o mundo. Quando perdeu essa visão, ele não mais conseguia resistir a uma garrafa de bebida. Quando Davi teve uma visão, conquistou Golias e os filisteus. Quando perdeu essa visão, ele não pôde nem mesmo refrear a própria luxúria.

Defina uma direção e você se surpreenderá com o quanto poderá fazer.

Em seguida, assuma um compromisso. Quando você assume um compromisso e se encontra diante de um problema, imediatamente começa a procurar uma solução. Sem o compromisso, você começa a procurar uma fuga.

Sam Walton, fundador do Walmart, disse: "Comprometa-se com seu trabalho". Penso que superei cada uma das minhas deficiências pessoais pela pura paixão que dediquei ao meu trabalho.

Uma base sólida e íntegra

Para alcançar todos os seus objetivos, você precisa construir uma base sólida. Esse fundamento deve, necessariamente, ser erguido sobre a integridade e a honestidade. Deve ter como alicerce as virtudes corretas; caso contrário, você pode até alcançar alguns de seus objetivos, mas não alcançará todos eles.

Há alguns anos, tive o privilégio de visitar o topo da Calgary Tower, no Canadá. Essa estrutura está a 190 metros acima do solo. Isso dá mais de dois campos de futebol. É bem alta.

De acordo com a gravação que você ouve no elevador, quando está indo até o topo, a estrutura pesa treze mil toneladas, e sete mil destas são subterrâneas. Quando se tem um alicerce como esse, você pode subir bem alto.

Alan Bean, um dos astronautas que andaram na Lua, é um amigo meu. Ele foi um dos homens que ficaram naquela plataforma espacial por 57 dias, enquanto ela circundava a Terra. Ele nos convidou para assistir ao lançamento. É uma visão espetacular.

Eu estava conversando com Alan sobre isso, e ele disse: "Zig, se você achou todos aqueles equipamentos e aparelhos espetaculares, você ainda não viu nada. As toneladas e mais toneladas de concreto sob a plataforma de lançamento são incrivelmente absurdas. Com uma base como aquela, você pode voar para qualquer lugar que quiser".

A base precisa ser sólida. Ao ver um buraco no chão, um bom arquiteto, no centro de Dallas, no centro de Los Angeles ou em qualquer outro lugar, poderá dizer o quão grande, largo e alto o edifício será. A base é o fator determinante.

Hoje em dia, muitas pessoas confundem sucesso com popularidade ou fama. Muitas vezes associam o sucesso ao dinheiro ou ao reconhecimento; mas eu conheço muitas pessoas com muito dinheiro que não são felizes. Também conheço muitas pessoas que são muito famosas e não são felizes.

Pense no homem mais rico da sua cidade. Você pode dizer: "Ele realmente é um indivíduo bem-sucedido". Mas, quando você analisa tudo que ele tem e o quão feliz ele é, que tipo de relacionamentos familiares ele tem, quantos amigos e quanta paz de espírito, pode parecer muito diferente. Estou falando sobre ganhar o jogo. A base é a coisa mais importante.

Foco na atitude

Em seguida, você precisa ter certeza de que sua atitude é boa. Vou contar a vocês uma coisa que eu faço: eu leio o jornal. Concentro-me nas coisas positivas. Leio a seção de quadrinhos; também o caderno de esportes. Em praticamente todos os eventos esportivos, 50% dos participantes são vencedores. Quando se pensa sobre isso, essa é uma porcentagem de vitória bastante alta.

Dennis, o Pimentinha é um dos meus quadrinhos favoritos. Em um deles, Dennis está no carro com seus pais, dizendo: "Eu não fui ao banheiro antes de sairmos porque queria ter algo para fazer mais tarde". Quase todos os pais se identificam com isso.

Se você realmente quiser dar boas risadas, leia os resumos semanais das novelas. Estes só saem na sexta-feira. Em particular, eu não acredito que alguém consiga assistir às novelas todos os dias e ser otimista e moralmente saudável – não ao mesmo tempo. Mas posso recomendar: se você gosta de dar boas risadas e quiser se sentir melhor com relação à sua vida, leia o resumo semanal das novelas.

Aqui está um resumo de *All My Children* ("Todos os meus filhos"):

> *Nick descobre por Mona que Erica engravidou depois de ser estuprada quando adolescente por um amigo de seu pai, e que Mona colocou o bebê para adoção. Erica nunca mais viu o bebê, e o assunto nunca mais foi discutido. A marca de nascença de Kendall faz Mona acreditar que Kendall é esse bebê. Quando Nick invade o quarto de Kendall para obter provas, ele é flagrado por Kendall. Quando Erica diz a Nick para se manter fora dos negócios de seu funcionário, Nick contrata Charlie para investigar. Enquanto isso, Erica se gaba de sua filha perfeita, Bianca, e Kendall se enfurece.*

Gloria recusa a proposta de Adam de se casarem imediatamente. Mimi conta a Tom o segredo sobre seu bebê, pouco antes de entrarem em uma festa surpresa. Perdendo o controle, Mimi expulsa a todos, o que deixa Taylor desconfiado. Tad está de volta à cidade, mas não consegue se encontrar com Dixie. Dixie vê Brooke e Tad se beijarem.

Se você deseja ter uma boa atitude, recorte esses resumos, guarde-os e leia todos os dias na semana seguinte. Isso fará maravilhas por você.

Quais são as outras maneiras de se construir uma boa atitude? Quando você está progredindo, quando está realizando, quando tem seus objetivos definidos e está trabalhando neles, quando está construindo seu autoaperfeiçoamento – essas são algumas das melhores coisas para melhorar a sua atitude.

Algumas pessoas trabalham sob a ilusão de que é preciso amar incondicionalmente o trabalho e gostar de fazer absolutamente tudo em sua profissão. Nada poderia estar mais longe da verdade.

Eu amo meu trabalho; não acredito que haja um ser humano vivo que goste de fazer o que faz tanto quanto eu. Mas será que eu gosto de tudo? Não, eu não gosto; mas, se eu tiver que fazer alguma coisa de que não gosto, eu tenho uma escolha a fazer. Vou enfrentar com a atitude certa e obter melhores resultados? Ou vou reclamar, me lamentar e, com isso, obter resultados piores? Essa é a escolha que eu tenho a fazer.

Claro, a decisão já estava tomada quando você aceitou o emprego. Mas você vai descobrir isto: quanto melhor for sua atitude em relação às coisas que não gosta de fazer, maior será a probabilidade de receber mais das coisas que gosta. Mesmo assim, nem tudo serão flores. Ainda haverá aspectos desagradáveis no seu trabalho.

Penso muito em Tom Hartman. Penso em todos aqueles meses que ele passou emagrecendo. Eu sei que muitas vezes ele não sentia vontade de se exercitar enquanto carregava todo aquele peso; e, no entanto, uma vez que tinha assumido um compromisso, conquistou uma visão; e a imagem que via era tão nítida que ele ficou parecido com ela.

Qual foi o resultado? Na última vez que vi Tom Hartman, ele pesava cerca de cem quilos. Mas ele é um homem de um metro e noventa de altura, com uma grande estrutura óssea. Ele não está acima do peso.

Tom formou-se com louvor em Psicologia. Ele trabalha dando aconselhamento a mulheres vítimas de violências. Tem seu próprio consultório e está indo infinitamente bem. E também ministra uma aula na Escola Dominical, todos os domingos.

Inicialmente, Tom não era feliz; mas, na última vez que o vi, ele estava. Ele não era saudável; quando o vi, ele estava. Não era próspero; agora é. Ele tem uma grande paz de espírito e uma tremenda quantidade de amigos. Tem uma família maravilhosa e uma esperança gigantesca de que o futuro será ainda melhor.

Trouxe o caso dele novamente como exemplo por esta simples razão: não acredito que qualquer pessoa que venha a ler este livro tenha tanto a superar em todas as áreas da vida como Tom Hartman. No entanto, ao assumir um compromisso e cumpri-lo, ele alcançou resultados espetaculares. Mantenha a sua atitude positiva.

Tom aprendeu alguma coisa apenas por ouvir aquelas fitas quinhentas vezes? Claro que não. Mas eu gostaria de mencionar algo que é incrível e ao mesmo tempo assustador: ele as memorizou. Ele disse que ficava ali sentado e falava junto comigo, palavra por palavra. Sabem o que mais ele estava fazendo? Estava falando consigo mesmo; e as coisas mais importantes que você ouvirá em sua vida são as que você diz a si mesmo. Ele estava se encorajando. É por isso que a repetição é tão importante. Ele assumiu um compromisso e não esperou para começar. Ele não falhou um só dia. Fez o que era necessário para mudar. Ele manteve sua atitude.

Tom também criou o hábito de fazer algo por outra pessoa. As pessoas mais felizes são aquelas que buscam fazer algo para ajudar as outras. É absolutamente verdade, como eu sempre tenho enfatizado: você pode ter tudo o que quiser na vida, se simplesmente ajudar outras pessoas a conseguirem o que querem.

Responsabilidade e disciplina diárias

Para alcançar seus objetivos, você também precisa cultivar a responsabilidade e a disciplina diariamente.

Pense nos fuzileiros navais dos Estados Unidos: 175 ex-fuzileiros navais são CEOs de empresas da lista *Fortune 500*; e 26 ex-presidentes norte-americanos serviram nas Forças Armadas. Nelas, ensinam-se disciplina e comprometimento. São duas coisas que andam juntas.

Permita-me fazer uma observação: as exceções podem te matar. Tenho um amigo próximo, o homem mais positivo que já conheci. Seu nome é Bernie Lofchick. Ele havia parado de fumar por cinco anos, mas um dia disse: "Sabe, cheira tão bem, e eu acho que um só não vai doer". Ele levou mais cinco anos para parar definitivamente, e a última vez que desistiu foi há cerca de quinze anos. Estou lhe dizendo: não abra exceções.

Alguns psiquiatras dizem que, sob certas condições, alguns alcoólatras podem voltar a beber socialmente. Isso beira a insanidade. Por que apostar em algo assim? Já vi muitos casos em que uma pessoa esteve sóbria durante vários anos; então ela tomou apenas uma dose, apenas um copo de vinho ou uma cerveja que não iria doer nada, e acabou recaindo no vício. Preste atenção a essas exceções.

Um dia, eu dei uma palestra em Seattle. Saí de Dallas naquela mesma manhã. Voei até Seattle, me apresentei e voei de volta para Dallas.

Quando cheguei em casa, arrumei todas as minhas coisas e me preparei para cair na cama; eram quatro da manhã.

Meu despertador estava ajustado para me acordar às cinco e meia. Não demorou muito para eu descobrir que estava a apenas uma hora e meia de acordar. E não preciso te dizer que noventa minutos de sono não são suficientes. Embora o alarme já estivesse programado para as cinco e meia, fiquei sentado na beirada da cama e pensei: deixo o alarme ligado e me levanto às cinco e meia ou durmo um pouco mais?

"Seja inteligente, Ziglar. Durma!" Cada fibra do meu ser dizia para não me levantar às cinco e meia, mas eu tinha assumido um compromisso. Deixei o alarme ligado.

Levantei-me às cinco e meia e saí para correr. Fiz uma corrida lastimável e tive um dia horrível. Não fui tão produtivo quanto normalmente sou e não me senti bem durante o dia todo. Naquela noite, eu desabei na cama às oito da noite.

No entanto, uma das decisões mais importantes que já tomei na vida foi a de acordar às cinco e meia naquele dia. Vou explicar o porquê: se eu tivesse me rendido ao desejo físico, emocional e mental de dormir, eu teria feito uma exceção. Uma semana depois, eu poderia ter feito outra exceção e ido dormir novamente às quatro da manhã. Uma semana depois, talvez eu fizesse uma nova exceção e fosse dormir somente às sete da manhã. E a exceção se repetiria tantas vezes que se tornaria a regra. Se eu tivesse dormido um pouco mais, teria enfrentado esse perigo.

Cuidado com as exceções. É proibido fazer exceções? Não. De vez em quando, você pode fazê-las; mas, no instante em que fizer, esteja completamente ciente disso e escreva uma pequena nota. Cuidado, porque isso é um sinal de perigo. A responsabilidade e a disciplina para trabalhar em seus objetivos todos os dias podem fazer a diferença.

Você precisa manter sua saúde física, mental e espiritual, porque o ser humano é físico, mental e espiritual. Aqui está outro fenômeno bastante intrigante. Embora bilhões de dólares tenham sido gastos nos últimos dez anos em programas de saúde, exercícios, livros de receitas e programas de dieta, nossa taxa de obesidade é 6% maior do que há dez anos. É por isso que eu digo que acredito que mais pessoas perderam peso de forma definitiva lendo meus materiais e ouvindo minhas gravações do que com livros de dieta e exercícios. Visualize o que você realmente quer; concentre-se nos benefícios de cuidar de sua saúde.

De acordo com um grande estudo, 92% dos CEOs de grandes corporações possuem níveis de energia muito altos. De acordo com outro estudo, 90% deles se exercitam regularmente. Menos de 10% deles fumam; a maioria controla seu nível de colesterol. A integridade é seu patrimônio número um, e suas famílias são sua prioridade número um. Em outras palavras: equilíbrio. Mantenha-se equilibrado física, mental e espiritualmente.

Aqui vão quatro regras muito simples para se manter em forma fisicamente:

1. Durma o suficiente. Apesar do que eu escrevi anteriormente, isso é muito importante.
2. Mantenha uma dieta equilibrada e um programa de alimentação e exercícios regulares.
3. Evite os venenos: drogas, álcool e tabaco. Manter os venenos fora do seu sistema é uma maneira maravilhosa de ficar em forma. Você vai se sentir melhor.
4. Visualize-se em sua melhor forma. E então ela se tornará realidade.

O fracasso acontece quando não temos persistência. Vai haver um momento em que chegaremos ao nosso limite. Maratonistas falam isso o tempo todo: “Eu cheguei ao meu limite. Eu fiquei completamente sem energia e então comecei a correr por instinto”.

Muitas vezes fazemos isso. Não temos mais energia, mas, se assumirmos um compromisso, poderemos continuar. Por favor, não me entenda mal: se você tiver um ataque cardíaco, deite-se e chame uma ambulância. Mas muitas pessoas desistem ao primeiro sinal de dificuldade. Elas simplesmente não persistem, e ter persistência é muito importante. Assim que você estiver em boa forma, poderá convocar essa energia extra quando precisar. E, antes de tudo, é preciso disciplina para chegar lá.

Mude o seu vocabulário

Se você quer alcançar seu objetivo, também precisa mudar seu vocabulário. Nunca me esquecerei daquele dia de primavera em que eu estava em Portland, Oregon, correndo no campus da Universidade Estadual de Portland. A temperatura era cerca de 25 graus. Eu teria um seminário naquela tarde; e, enquanto corria, de repente percebi uma coisa: estava me sentindo bem. O chão fluía suavemente sob meus pés. Eu respirava sem dificuldade.

Menciono isso porque, durante quase dez meses, quando o relógio das oportunidades me despertava pela manhã, eu me levantava, colocava as roupas de corrida e saía. E, enquanto corria, eu resmungava comigo mesmo: "Ziglar, a quem você está tentando enganar? Você está se matando, agindo como um adolescente. Seus amigos estão dormindo ou se divertindo. O que você está tentando provar?".

Como eu disse muitas vezes, é preciso pagar um preço. Eu vou confessar: foi horrível, mas eu tinha decidido que faria aquilo. E, se eu disse que iria fazer, eu faria. Falava para todos os meus amigos, parentes, vizinhos e até para completos estranhos sobre o terrível sacrifício que vinha fazendo; eu disse que iria fazê-lo e estava fazendo. Então, ali estava eu, correndo em Portland, Oregon; e, de repente, eu estava me sentindo bem.

O chão fluía facilmente sob meus pés. Eu respirava com suavidade. Estava me divertindo muito. E foi naquele dia que mudei meu vocabulário.

- Você não *paga o preço* por uma boa saúde; você *desfruta dos benefícios* de uma boa saúde.
- Você não *paga o preço* pelo sucesso; você paga pelo fracasso. Você *desfruta dos benefícios* do sucesso.
- Você não *paga o preço* por um bom casamento; você *desfruta dos benefícios* de um bom casamento. Você pagará o preço se tornar seu casamento ruim.

Quando nos disciplinamos para continuar firmes, chega um dia em que, em vez de ser uma tarefa, nosso trabalho se torna divertido. Eu acredito que quase todo trabalho pode se tornar divertido.

Na Carolina do Norte, há uma fazenda de depenagem de galinhas que utiliza esses conceitos. Eu já fui açougueiro quando era jovem e falo com conhecimento de causa: depois que você depena tantas galinhas, o interior de uma dessas aves se parece com o interior de todas as outras. Se você viu uma, já viu todas. Uma tarefa bem monótona, você pode imaginar.

Mas ali há um grupo de pessoas que depena galinhas, ganhando um salário-mínimo em praticamente todos os casos, e os gerentes começaram a desenvolver essas pessoas. Eles começaram a dar a elas fones de ouvidos e gravações motivacionais, e os trabalhadores começaram a ouvir. Todos ouvem a mesma coisa; ao ouvir alguma coisa engraçada, riem e voltam a depenar galinhas.

A rotatividade de funcionários (*turnover*) foi reduzida substancialmente, enquanto a produtividade e os lucros aumentaram.

O que quero dizer com isso? Todos ficam animados e interessados quando estão se divertindo e sentem que alguém também se interessa por eles. Fiz negócios com o dono daquela fábrica, pois percorremos juntos toda a Carolina do Norte, dando palestras nos Lion's e nos Rotary Clubs sobre a produção daqueles trabalhadores.

Muitas vezes pensamos "essa pessoa não está interessada nesse tipo de coisa" ou "você não pode motivar essa pessoa". Deixe-me dizer uma coisa: quando as pessoas se divertem fazendo seu trabalho, elas realizam um trabalho melhor. Mais uma vez, isso não quer dizer que tudo será divertido.

Divida sua meta em várias etapas

PASSO OITO: divida sua meta em várias etapas. Depois que saí da Clínica Cooper e eles me disseram "Eis o que você tem que fazer", eu olhei para os números e planejei perder aquele peso em dez meses. Achei que seria o tempo que levaria para escrever meu livro *See You at the Top*. Eu estava fazendo as duas coisas simultaneamente. Precisava perder aproximadamente dezesseis quilos, então dividi esse número e disse: "Tudo o que tenho que fazer é perder 1,6 quilo por mês".

Não era nada de mais. Isso daria menos de quatrocentos gramas por semana. Eu sabia disso e sabia que poderia conseguir. Estava tão confiante que nem me dei ao trabalho de começar, até que se passaram 28 dias.

Esse é um dos maiores problemas na vida. Você tem um prazo: por exemplo, algo que é para daqui a seis meses. "Ei, isso não é nada de mais. É só para 23 de fevereiro. Eu ainda tenho muito tempo." Quando você percebe, já é 22 de março, e depois é 15 de abril. "Oh, agora é tarde demais! Mas, no ano que vem, eu prometo..."

Recalculei minha dieta e descobri que, para perder os dezesseis quilos, bastaria perder em média 55 gramas por dia, todos os dias, durante dez meses.

See You at the Top tem 384 páginas e foi escrito em dez meses. Isso significa que, em média, eu escrevi 1,25 página por dia, todos os dias, durante dez meses.

Deixe-me explicar a você como criar crianças positivas em um mundo negativo. Como construir uma relação magnífica com seu cônjuge. Como chegar ao topo da carreira em sua empresa. Como se tornar um vendedor profissional de renome mundial, um conselheiro, um educador, ou o que você quiser ser. Não é a tarefa monumental que você faz durante uma semana, ou durante um mês. São as coisas diárias que você faz, os pequenos compromissos cotidianos: "Hoje vou dar este passo, ou aquele passo. Vou fazer este pequeno progresso todos os dias". As pequenas coisas são o que faz a diferença.

Um minuto pode fazer toda a diferença. Se você acha que um minuto não é importante, isso depende de que lado da porta do banheiro você está. Um minuto pode literalmente fazer muita diferença. Se meu relógio estiver quatro horas atrasado, eu saberei instantaneamente que está. Mas, se estiver quatro minutos atrasado, a história é bem diferente.

Digamos que devo embarcar em um avião às 2h32. Se eu estiver quatro minutos atrasado e chegar às 2h36, você já sabe o que acontece. Veja bem, eu fiz um acordo com as companhias aéreas: se eu não estiver lá quando os tripulantes se prepararem para decolar, eles devem apenas seguir em frente sem mim. Posso dizer por experiência própria, meus amigos, que é mais fácil alcançar esses caras antes que eles saiam do chão. As pequenas coisas fazem uma grande diferença.

Jogue em equipe

Para atingir seus objetivos, é preciso jogar em equipe. Você deve se juntar a um time; você precisa trabalhar com outras pessoas.

Quando eu era criança em Yazoo City, Mississippi, havia alguns trilhos ferroviários abandonados. Ocasionalmente, íamos até lá para ver qual de nós conseguia andar mais longe sobre eles. Dávamos alguns passos e caíamos. Mas, quando dávamos as mãos para caminhar sobre os trilhos, conseguíamos caminhar até onde eles alcançavam, apoiando-nos e equilibrando-nos uns nos outros.

Você precisa ter um senso de equipe. Embora muitos digam que a segurança no emprego não existe mais, a segurança na profissão é uma coisa totalmente diferente. Quanto melhor você souber jogar em equipe, um melhor indivíduo você será; você terá um melhor desempenho e mais probabilidade de ter segurança em sua profissão.

Você já viu um bando de gansos canadenses voando? Se você os observar, notará que eles sempre voam em formação V; e, se você os seguir até a linha do horizonte, também notará que de vez em quando parece haver alguma confusão no bando.

Por que os gansos voam em formação V? Os testes em túnel de vento revelaram que, ao fazer isso, eles instalam um vácuo parcial em ambas as asas, de modo que o bando pode voar 73% mais longe do que um ganso em voo solitário.

A razão dessa aparente confusão, de tempos em tempos, é que o ganso líder, ao combater o vento de proa, se cansa mais rapidamente, de modo que eles mudam a posição do líder com frequência. Eles cooperam entre si. Trabalham em conjunto.

A propósito, há alguns anos, alguns psicólogos estudaram os gansos e descobriram que, quando você os ouve grasnar, eles não estão apenas "buzinando". São grasnados motivacionais; são sons de incentivo. Eles estão dizendo: "Vamos, Bill! A fazenda do Charlie Brown está a apenas seis quilômetros de distância. Cara, você consegue. Aguente firme! Estamos a favor do vento!".

Em parte, isso se deve à lealdade que os gansos têm uns para com os outros. Se um deles ficar ferido ou doente, um companheiro ficará ao seu lado até que ele se recupere ou morra. Isso é lealdade – um princípio moral.

O treinamento de pulgas

Para atingir seus objetivos, você tem que aprender a treinar pulgas. (A propósito: eu sei que você já ouviu aquela piada das duas pulgas no sopé da colina. Uma disse para a outra: "Vamos caminhar, ou vamos de cachorro?")

Podemos treinar as pulgas colocando-as em um frasco. Coloca-se uma tampa; as pulgas saltarão para cima e baterão na parte de cima inúmeras vezes. Observe-as pulando sem parar e logo notará que, embora elas continuem a pular, não estão mais batendo na parte superior. Nesse momento, você pode tirar a tampa. Elas continuarão a pular, mas não saltarão para fora do frasco – porque se condicionaram a não saltar mais alto do que isso.

O ser humano é da mesma forma. Ele se propõe a escrever um livro, a bater um recorde, a escalar uma montanha, a fazer algo significativo. Ao longo do caminho, ele bate a cabeça, topa com o dedão do pé, comete alguns erros e, de repente, perde aquela concentração maravilhosa, a confiança e a criatividade. Ele se torna um *SINOP* – uma pessoa que é *Suscetível à Influência Negativa de Outras Pessoas*.

Caso você não esteja percebendo, os treinadores de pulgas são aquelas pessoas que já saltaram para fora do frasco. Eles não dizem às outras pessoas como sair; eles mostram a elas como entrar. Treinadores de pulgas não tentam ver algo nas pessoas; eles tentam ver as pessoas em algo. Você poderá ter tudo na vida, se apenas ajudar outras pessoas a conseguirem o que elas querem.

Se você quer atingir seus objetivos, precisa ter a atitude de um treinador de pulgas. Você precisa entender: o fato de alguém fazer algo ou deixar de fazer não tem nada a ver com suas habilidades.

O exemplo clássico é a milha de quatro minutos. Durante anos e anos, os atletas disseram: "Vou quebrar a barreira dos quatro minutos". Quando terminavam a corrida, os treinadores erguiam seus cronômetros e diziam: "Cara, você chegou aos quatro e dois, mas nunca vai quebrar essa barreira". Os médicos diziam: "Seu coração pode saltar para fora do corpo! Não há como correr uma milha (que equivale a 1,6 quilômetro) em menos de quatro minutos". Durante anos e anos, os atletas tentaram corajosamente atingir essa façanha, mas nunca conseguiram.

Um belo dia, um treinador de pulgas chamado Roger Bannister, da Grã-Bretanha, correu uma milha em menos de quatro minutos. Quase imediatamente depois dele, o australiano John Landy também quebrou a barreira dos quatro minutos; e, desde então, mais de quinhentos atletas completaram a prova em menos de quatro minutos, incluindo um estudante do Ensino Médio e um jovem senhor de 37 anos. Em 1985, John Walker, da Nova Zelândia, tornou-se o primeiro atleta na história a completar essa prova cem vezes. E, em várias edições, um grupo de oito amigos que sempre corriam juntos quebrou a barreira dos quatro minutos.

Será que, de repente, todos ficaram fisicamente muito melhores? Será que o equipamento melhorou tanto assim? Pode até ter melhorado um pouco; mas Roger Bannister seguiu todos os princípios de estabelecimento de metas que estou ensinando aqui.

Número um: ele era um atleta excepcional. Número dois: ele se encontrava em condições físicas maravilhosas. Número três: ele recrutou outros três atletas para serem seus parceiros na corrida e tinha marcadores ao longo do caminho. Ele calculou o tamanho de suas passadas e quantas precisaria dar em quatro minutos. Ele literalmente quebrou tudo!

Quando ele quebrou a barreira, atletas de todo o mundo perceberam que não era uma barreira fisiológica: era uma barreira psicológica. Essa é uma diferença muito importante.

Eu já vi isso acontecer muitas vezes. Quando uma vendedora bate um recorde, alguém sempre aparece e diz: "Se ela pode, eu posso!".

Todos esses exemplos servem como inspiração. É por isso que eu conto tantas histórias. Além disso, uma pesquisa do Centro de Liderança Criativa de Greensboro, Carolina do Norte, descobriu que contar histórias e parábolas, incontestavelmente, é a melhor maneira de ensinar. É claro: isso é algo que uma certa Pessoa já nos ensinou há dois mil anos, não é mesmo?

Veja-se alcançando a meta

A seguir, para atingir suas metas, você tem que visualizar a si mesmo alcançando-as. Jack Nicklaus dizia que seu melhor treino era quando estava a caminho do campo de golfe. Ele tinha um esboço detalhado do campo em si e visualizava cada tacada antes de acertá-la. Ele visualizava a bola indo para o buraco.

Eu me visualizei fazendo exatamente o que estou fazendo, muitos anos atrás, em 1952. Levei mais dezesseis anos para conseguir fazer isso em tempo integral; e, no decorrer desses anos, tive que fazer muitas outras coisas. Eu trabalhava como vendedor para sustentar minha família; mas o sonho, a visão, nunca me abandonou. Eu podia me ver aqui.

Quando pendurei a foto daquele sujeito no espelho do meu banheiro, olhava para ela centenas e centenas de vezes e dizia: "É assim que eu vou ser". Eu me via alcançando aquela meta.

Anos atrás, quando os grandes barcos a vela singravam os mares, mandaram um jovem marinheiro ficar no mastro; uma tempestade estava surgindo. Como tinha sido designado para o mastro, ele deveria aparar as velas. Quando estava subindo, cometeu o erro de olhar para baixo. A turbulência do mar e o balanço do navio fizeram com que ficasse enjoado. Ele começou a perder o equilíbrio. Um marinheiro mais velho que estava lá embaixo disse: "Olhe para cima, filho, olhe para cima". Ele olhou para cima e recuperou o equilíbrio.

Se as perspectivas não estiverem boas, tente olhar para cima. É sempre bom. Helen Keller confirma, de maneira bem enfática: "Se você mantiver seus olhos no sol, não verá as sombras".

Precisamos nos ver como se já estivéssemos lá. Precisamos nos ver felizes em nosso relacionamento com nosso cônjuge e nossos filhos. Se enxergarmos nossos alunos sob a luz apropriada, lidaremos com eles de maneira totalmente diferente. Tratamos as pessoas como as vemos, e a maneira como as tratamos terá uma influência direta sobre seu desempenho.

Posso dizer a vocês, como pai, que a expectativa dos pais tem uma influência direta sobre o desempenho das crianças. Posso dizer a vocês, como empregador, que a expectativa dos patrões tem uma influência direta sobre o desempenho dos funcionários. Posso dizer a vocês, como educador, que minha expectativa com relação aos meus alunos tem uma influência direta sobre o desempenho deles.

Se você deseja atingir essas metas, precisa fazer isso agora. O *amanhã* tem sido usado como o maior dispositivo de economia de mão-de-obra de todos os tempos. Nós o usamos com frequência: "Eu vou fazer isso amanhã. Vou fazer quando tiver tempo. Vou fazer quando...".

O presente é agora. O futuro também é agora. Temos que entrar em ação. Tenho feito um grande esforço até aqui para convencê-lo a ter objetivos; porque sei que, se você agir agora, será infinitamente mais feliz. É muito mais provável que você atinja seus objetivos. Quando conseguir visualizar suas metas, as coisas vão começar a acontecer. Mas você tem que começar agora.

A história de Andy na Merrill Lynch

Um dos meus exemplos favoritos é a história de Andy Gardner. Ele é um jovem que trabalha na Merrill Lynch – uma empresa financeira conhecida por concentrar mais pessoas que ganham US$ 100 mil por ano do que qualquer outra empresa nos Estados Unidos.

Andy me contou: "Zig, ali há pessoas de todos os tipos, de todas as formas, de todas as cores. Há tímidos e extrovertidos. Há homens e mulheres. Pessoas com formações acadêmicas tremendamente diversas. Alguns deles têm uma atuação mais ampla; outros são especialistas. Mas há uma coisa que todos têm em comum: você pode chamá-los a qualquer horário do dia, a qualquer dia do mês, e perguntar como estão seus objetivos, e eles dirão a você com detalhes, até o último centavo. Eles são muito precisos, muito específicos em seus objetivos".

Andy também me disse: "Zig, comecei a segui-lo há alguns anos. Sabe o que eu descobri? Você e eu somos de gerações diferentes. Temos preferências políticas diferentes. Temos visões sociais diferentes. Temos crenças religiosas diferentes. Mas os princípios que você prega são tão universais que eu adotei cada um deles e os sigo como parte de minha vida".

Vou contar para vocês a história de Andy. Quando alguém ingressa na Merrill Lynch, uma de suas maiores aspirações é participar do Clube

Executivo. É uma espécie de clube para os novatos, e fazer parte dele representa um reconhecimento considerável para a carreira.

O gerente de Andy era um homem chamado Parks Duncan. Parks o convidou logo no primeiro dia. "Naquele momento", disse Andy, "eu ainda não estava pronto para entrar em clube nenhum. Mas Parks começou a conversar comigo: 'Andy, ouça o que vou dizer. Acredito que você tem toda habilidade para entrar no Clube Executivo e quero lhe mostrar onde será seu novo escritório. Está sendo construído a cerca de quinhentos metros daqui. Aqui está o projeto, Andy, e aqui será seu escritório'."

Andy deixou o escritório de Parks. Ficou tão entusiasmado que nem quis almoçar e caminhou meio quilômetro até o novo prédio, que não era nada além de uma estrutura, um monte de concreto e vigas. Ele sabia exatamente onde ficaria seu escritório. "Ainda não havia nada lá dentro. Entrei lá e me agachei como se estivesse na minha mesa. Olhei para fora, e a vista era maravilhosa. Visualizei meu assistente de vendas atendendo ao telefone: 'Sim, aqui é do escritório do Sr. Gardner'. Eu pude ver tudo isso em minha mente."

Ora, esse é o tipo de visualização de que eu estou falando. Andy disse: "Sabe, Zig, quando saí de lá, fiquei com aquele sonho. Eu tive uma visão. Sim, eu ia fazer parte do Clube Executivo. No mês de novembro, eu mais do que dobrei minha produção diária. Estava tão entusiasmado que contava os dias e as horas para isso.

"No início de dezembro, as minhas três maiores contas foram canceladas. Naquele momento, alguns dos meus colegas me disseram: 'Andy, já era. Você realmente deveria começar a se concentrar no próximo ano'.

"No entanto", continuou ele, "para mim era absolutamente impossível pensar em desistir. Pelo contrário, eu redobrei meus esforços. Comecei a visitar meu futuro escritório todos os dias. A visão se tornava cada vez mais real, e era incrível como as coisas começavam a aparecer no lugar.

Meu objetivo era estar lá no dia 21 de dezembro, e foi exatamente no dia 21 de dezembro que eu o atingi."

A visualização funciona. Isso aconteceu com Andy em 1984. Três anos depois, ele se mudou para Houston, onde gerenciou um escritório por dois anos e meio. Então, ele conta: "Eu senti que precisava aprender mais".

Andy veio até Dallas e passou três dias conosco, em junho de 1992. Mesmo tendo perdido três dias de produtividade, surgiu em sua mente uma imagem ainda mais ampla de si mesmo e de sua visão. Como resultado disso, naquele mês, ele não somente ingressou no Clube dos Presidentes – que é infinitamente mais prestigiado – como superou seu melhor recorde de todos os tempos em mais de 80%. Em julho, ele quase quebrou o recorde de junho; e, em agosto, aconteceu a mesma coisa.

Logo depois, ele estabeleceu um novo objetivo: decidiu que ganharia o Prêmio Winsmith.[6] E também atingiu esse objetivo.

Gostaria de enfatizar uma coisa muito importante: se Andy tivesse estabelecido o Prêmio Winsmith como seu primeiro objetivo, isso teria sido insano. Ele não tinha experiência e tinha uma base de clientes muito pequena para trabalhar. Estava apenas começando. Havia muitas coisas que não sabia. Ele estabeleceu um objetivo mais razoável – um objetivo grande, mas que não estava fora de alcance – e o alcançou: ele entrou para o Clube Executivo.

Os três melhores anos de Andy foram 1990, 1991 e 1992. No entanto, esses não foram nem de longe os melhores anos da nossa economia. Isso tem a ver com algo que venho dizendo desde o início: o sucesso não está vagando ao longe. O sucesso está bem aí, dentro da sua cabeça.

---

6. O Winsmith Award é uma premiação interna da Merril Lynch, oferecida ao melhor executivo do ano. O nome do prêmio é uma homenagem a Winthrop Hiram "Win" Smith (1893–1961), um dos maiores empresários e banqueiros de investimentos da história norte-americana. Ele foi notável como sócio de empresas como Merrill Lynch, Pierce e Fenner & Smith. (Nota da Tradutora).

Não importa se a economia vai bem: sempre haverá alguém quebrado financeiramente. Não importa se a economia vai mal: algumas pessoas vão se sair bem. Tenho notado isso desde a Depressão, nos anos 1930.

Eu tenho certeza de que, se você seguir os meus conselhos e empreender este programa de estabelecimento de metas, o sucesso será seu.

Ao iniciar esta jornada, saiba que haverá algumas pessoas que vão rir de você e dizer: "Você não pode! Você não consegue!", assim como fizeram com Andy Gardner e Ike Reighard.

Algumas pessoas riram, mas o mundo estava atento às margens do rio Hudson quando Robert Fulton[7] ligou seu barco a vapor. Algumas pessoas riram, mas os olhos do mundo estavam em Kitty Hawk quando os irmãos Wright fizeram seu histórico voo pelos ares. Algumas pessoas riram, mas o mundo se eletrizou quando Alexander Graham Bell fez seu telefonema histórico.

Algumas pessoas podem muito bem rir de você enquanto sua jornada começa; mas o mundo estará ao seu lado, encorajando-o enquanto você segue em frente, e estará lá para cumprimentá-lo quando você cruzar a linha de chegada.

E lembre-se: o que você *terá* ao atingir seus objetivos não é tão importante quanto o que você *se tornará*. Você será o vencedor que nasceu para ser.

---

7. Robert Fulton (1765-1815) foi um engenheiro e inventor norte-americano, conhecido por ter desenvolvido o primeiro barco a vapor comercialmente bem-sucedido. Em 1800, foi contratado por Napoleão Bonaparte para projetar o Nautilus, o primeiro submarino prático da história.

Capítulo 4

VENCENDO POR MEIO DA PERSISTÊNCIA, DO ENTUSIASMO E DO DESEJO

Certa vez, um senhor idoso ficou preso em um alagamento. Foi uma inundação instantânea e o deixou ilhado em cima do telhado de sua casa. Um dos vizinhos passou flutuando e disse:

– Nossa, John! Que inundação terrível!

O velho John respondeu:

– Não, até que não é tão ruim assim.

– Como assim, não é tão ruim?! Olha, ali vai seu galinheiro, flutuando rio abaixo!

– Eu sei, mas começamos a criar patos faz alguns meses. E veja: ali estão todos eles, nadando por aí. Vai ficar tudo bem.

– Sim, homem, mas essa inundação vai arruinar suas colheitas!

– Minhas colheitas já estavam arruinadas, de qualquer forma. Não vai fazer mal nenhum. A gente precisava mesmo de um pouco de irrigação.

Como você sabe, algumas pessoas persistem em ser negativas. O vizinho disse:

– Sim, mas veja: a água está subindo. A primeira coisa que ela vai atingir serão as suas janelas.

– Homem, espero que a água chegue lá. As janelas estão tão sujas que precisam ser lavadas.

Podemos ver as coisas com dois pares de olhos diferentes: os olhos do otimista ou os olhos do pessimista. Neste capítulo, vamos aprender a manter os olhos na vitória, por meio da persistência, do entusiasmo e do desejo.

Perguntaram a um velho ministro por que ele era tão eficiente. Ele disse: "Bem, basicamente, primeiro eu digo às pessoas o que vou dizer a elas. Então eu digo e, depois, eu digo a elas o que eu disse". Você vai me ouvir repetindo várias vezes que a repetição é a mãe do aprendizado. Isso faz dele o pai da ação, que é a arquiteta da realização.

Encontre seu lugar na primeira fila

Anos atrás, tive a oportunidade de palestrar no Hinds Community College em Raymond, Mississippi, onde eu havia estudado em 1943. Um homem de lá, chamado Jobie Harris, teve um profundo impacto em minha vida; por isso eu o estava ajudando a levantar dinheiro para estabelecer um fundo de bolsas de estudo em homenagem a ele e sua esposa, Jim El, que também lecionava lá.

Na manhã da minha palestra, o auditório estava lotado. Os estudantes, o corpo docente e os visitantes da cidade estavam em pé lá no fundo. Quando comecei, não pude deixar de notar que havia sete assentos vazios na primeira fileira e cinco assentos vazios na segunda. Então eu disse às pessoas que estavam de pé: "Temos sete assentos vazios, bem aqui na frente, e mais cinco ali. Por que vocês não se aproximam e se sentam confortavelmente para assistir à apresentação? Basta caminhar quinze ou vinte passos, e vocês estarão aqui".

Apenas uma pessoa se aproximou e ocupou um lugar na primeira fileira. Com tantos assentos disponíveis, apenas um deles foi escolhido.

Eu disse ao grupo: "Eu gostaria de ser forte o suficiente para pegar esses assentos, movê-los para trás e levá-los até vocês, mas não sou tão forte assim. Não teríamos tempo, de qualquer maneira, e tenho certeza de que a administração não ficaria feliz se eu fizesse isso. Os lugares estão disponíveis, mas vocês têm que tomar uma atitude para chegar até aqui.

"Na segunda fileira, há alguns obstáculos a superar, porque os cinco assentos estão bem no meio dela; mas os vizinhos parecem ser pessoas simpáticas. Eles podem até ajudá-los a superar esse obstáculo em particular. Assim é a própria vida, porque sempre haverá alguns obstáculos entre você e aquilo que deseja, mas cabe a você dar os primeiros passos."

A questão é que os assentos da primeira fileira estão disponíveis; mas é preciso reivindicá-los, e há alguns obstáculos ao longo do caminho. Você precisa superar esses obstáculos.

Sucesso *versus* facilidade

Temos hoje uma enorme demanda por lugares na primeira fila, mas lembre-se: é muito difícil ter sucesso quando as coisas são fáceis demais. Vou dar alguns exemplos.

Dentre trezentos líderes conhecidos mundialmente – estou falando de pessoas como Winston Churchill, Franklin D. Roosevelt, Helen Keller, Martin Luther King Jr., Mahatma Gandhi –, 75% foram abusados quando criança, tinham alguma deficiência física grave ou foram criados na pobreza. É difícil ser bem-sucedido quando as coisas são fáceis demais.

Durante a estada em um hotel em Columbia, Carolina do Sul, conheci um jovem chamado Fernando Quintero. Fernando é do México e morou em San Diego por um ano e meio. Ele vivia, trabalhava e se relacionava apenas com pessoas que falavam espanhol. Ao final de um ano e meio, ele ainda não sabia falar inglês. Em sua mente, não havia necessidade de aprender.

Então, Fernando se mudou para Columbia. Em apenas três meses, já estava falando inglês; seis meses depois, era fluente no idioma. Ele teve que aprender, porque na cidade ninguém falava espanhol.

Minha nora, uma jovem extraordinariamente brilhante, é nascida em Campeche, México. Ela viveu por um ano em Nova Orleans. Todos os seus amigos falavam espanhol. As aulas na escola eram em espanhol. Tudo era em espanhol. Ela não sabia falar inglês. Depois ela se mudou para o Austin College, onde conheceu meu filho. Começou o ano sem falar inglês e terminou o primeiro ano com uma média de três pontos na disciplina. Ou seja, ela ainda precisava aprender.

Muitas vezes, não temos pessoas para exigir que façamos alguma coisa; portanto, se queremos tirar o máximo proveito da vida, temos que exigir essas coisas de nós mesmos. A vida se torna mais fácil quando você é duro consigo mesmo; mas tudo fica extremamente difícil quando você é leniente.

As recompensas por fazer o que digo agora são enormes. O que todos querem? Repetindo: todos querem ser felizes. Todos querem ser saudáveis. Todos querem ser pelo menos razoavelmente prósperos. Todos querem estar seguros. Todos querem ter amigos. Todos querem ter paz de espírito. Todos querem ter bons relacionamentos familiares e esperança.

Como já assinalei, muitas pessoas questionam se podem estabelecer a felicidade como um objetivo. Rose Barthel nos diz: "A felicidade é uma escolha consciente. Não é uma resposta automática". A felicidade é uma atitude. Mais uma vez: a felicidade não é um *quando* ou um *onde*. É um *aqui* e um *agora*.

Muitas pessoas pensam que vão ser felizes em um *onde*: "Quando tivermos aqueles dez dias de férias no Havaí... cara, então eu vou ser feliz". Não é assim que funciona. Porque não faz diferença para onde você vai: você ainda estará lá em pessoa. Enquanto você não estiver feliz *consigo mesmo*, não vai estar feliz com o que quer que tenha ou onde quer que esteja.

Isso não significa que não devemos nos divertir um pouco. Eu adoro a história do Seminário Teológico de Dallas. Havia um serviço de buffet e, no primeiro balcão, havia maçãs. Um pequeno aviso dizia: "Pegue apenas uma maçã. Deus está vendo". No final da fila, onde havia cookies com gotas de chocolate, outro aviso dizia: "Pegue quantos quiser. Deus está ocupado observando as maçãs".

Acredito que precisamos nos divertir um pouco à medida que prosseguimos na vida; mas vamos explorar um pouco mais a felicidade e ver o que podemos fazer a respeito. Pedirei a você que responda a algumas perguntas:

› Você acredita que sua felicidade está relacionada à sua saúde? Em outras palavras: se você estiver saudável e se sentir bem, isso aumentará suas chances de ser feliz?
› Se você fosse próspero o suficiente para não ter que se preocupar com um pneu furado ou um problema no encanamento, isso poderia ser um fator que contribuiria para torná-lo feliz?
› Se você estiver confiante no que faz e seguro em saber que seu desempenho o ajudará a manter seu emprego, isso também será um fator de felicidade?
› Você acredita que ter muitos amigos leais o ajudaria a ser feliz?

- E que tal ter paz de espírito? Se você estiver bem resolvido nessa área, você acredita que isso o fará feliz?
- Que tal ter bons relacionamentos familiares? Sua família tem algo a ver com sua felicidade?
- Agora, eis a grande questão. Você acredita sinceramente que pode fazer algo a respeito de sua saúde, sua prosperidade, sua segurança, seus amigos, sua paz de espírito e sua família? Você acredita que há algo que possa fazer nessas áreas? Isso lhe dá esperança para o futuro? A esperança tem algo a ver com sua felicidade?
- Você acredita: "Sim eu posso estabelecer a felicidade como meu objetivo, porque ela pode ser um subproduto de todas as outras coisas"? Isso faz algum sentido para você?

Não sei como você se sente sobre isso; mas, quando me dediquei a essa filosofia de pensamento, fiquei muito entusiasmado, porque acredito que ela pode representar um avanço para muitas pessoas. Por que eu digo isso? Porque certas coisas também nos deixam infelizes; mas, quando percorremos a lista, conseguimos acreditar: "Eu posso fazer algo a respeito disso e daquilo".

Sempre é possível voltar atrás e trabalhar para reconquistar o que amamos. Cara, eu fico muito entusiasmado com isso. Vamos percorrer nossa lista e rever aquela declaração que fizemos tantas vezes: você pode ter tudo o que quiser, se simplesmente ajudar outras pessoas a conseguirem o que elas querem. Mais uma vez, estou falando de filosofia; não estou falando de táticas.

Vou dar mais um exemplo pessoal. Há muito tempo, quando entrei no mundo das vendas com a idade madura de 21 anos, nós quase morremos de fome pelos primeiros dois anos e meio. As coisas eram difíceis. Então, graças a um homem chamado P. C. Merrill, tivemos uma reviravolta dramática. Minhas vendas explodiram. Eu terminei aquele ano em segundo lugar, entre mais de sete mil vendedores.

Eu atuava no ramo de utensílios de cozinha. Todos os anos, no final de agosto, a empresa tinha uma Semana Nacional de Incentivo. Eles encorajavam todos os vendedores a trabalhar dezoito horas por dia, fazer todas as demonstrações possíveis, oferecer brindes extras às donas de casa e tudo o mais.

Durante os dois primeiros anos, eu não fiquei muito entusiasmado com a Semana de Incentivo. Eu lutava para ter o que comer, então não conseguia ficar entusiasmado com muitas outras coisas. Mas, naquele ano em particular, eu estava animado; e me preparei para o trabalho. Cozinhei panquecas todas as manhãs naquela semana. Preparei uma salada em todos os horários de almoço para possíveis clientes e, à noite, fiz jantares de demonstração.

Naquela semana, vendi quase três vezes mais do que já havia vendido em qualquer outra. Eu disse a vocês: eu estava motivado. Havia enviado a Ruiva e nossa única filha para Jackson, Mississippi, para ficarem com a família dela; porque a convenção após a Semana de Incentivos seria em Biloxi, e eu não queria fazer nada além de trabalhar.

Gostaria de esclarecer que a empresa só nos incentivava a fazer esse tipo de jornada durante uma semana a cada ano. Eles diziam que, assim como um elástico, que só tem utilidade quando está esticado, às vezes também precisamos nos esticar: é nesse momento que você consegue testar suas capacidades para fazer grandes coisas.

Terminei minha última demonstração no sábado à noite. Eram quase dez horas. Fui de carro até Atlanta. Bill Cranford, o homem que me apresentara à empresa, tinha dito: "Zig, passe por aqui e durma por algumas horas antes de seguir viagem".

Eu acordei o velho Bill por volta das duas e meia ou três da manhã. Ele se levantou e fez café, e nós ficamos sentados ali até as cinco e meia.

Deixe-me dizer o que eu fiquei fazendo durante essas duas horas e meia. Eu tinha feito 39 demonstrações naquela semana e fechado 34 vendas. Comecei a contar para Bill Cranford cada uma dessas experiências, com todos os detalhes. Falo cerca de 280 palavras por minuto, com rajadas que alcançam até 550; portanto, eu devo ter falado bastante.

Por volta das cinco e meia, de repente eu tive um estalo de consciência. Perguntei:

– Ah, meu Deus, Bill. Como você está indo?

Eu não havia feito uma única pergunta a ele; não havia perguntado sobre sua saúde, sua família, sua vida, seus negócios – nada. Eu tinha dominado a conversa. Tive o pior surto de "eus" que alguém já teve na vida.

– Bill, estou envergonhado. Me desculpe.

Então, Bill Cranford me disse uma coisa que afetou minha vida e meu pensamento de forma dramática:

– Zig, não se preocupe. Eu apreciei cada momento e cada palavra que você tinha a dizer. Deixe-me lembrá-lo, Zig, que fui eu quem o trouxe para este negócio. Fui eu quem o treinou. Fui eu quem o encorajou quando você estava desanimado. Fui eu quem o levou para o campo e ficou ao seu lado, segurando suas mãos. Zig, até que você tenha experimentado o que acabei de experimentar, você nunca saberá o que é a verdadeira felicidade e o verdadeiro sucesso. O prazer que senti ao saber de seu sucesso é infinitamente maior do que o prazer que você mesmo está experimentando ao colhê-lo.

Ele estava 100% certo. Ele era uma pessoa feliz? Você pode ter certeza de que sim. Ele era uma pessoa feliz.

Prosperidade

Agora vejamos essa coisa chamada prosperidade. Quando eu era moço, trabalhava em uma mercearia em Yazoo City, Mississippi. Foi durante a Depressão. Tínhamos estoques muito limitados, e 90% de todas as vendas que eram feitas naquela loja ocorriam das quatro da tarde de sexta-feira até as onze da noite de sábado. Era quando todos recebiam seus pagamentos.

Os comerciantes tinham estoques muito limitados. Com frequência ficávamos sem mercadorias para vender e pedíamos emprestado a outros comerciantes.

Havia um jovem chamado Charlie Scott, que trabalhava do outro lado da rua. Era ele quem corria para pegar coisas na minha loja, e eu corria da minha loja para a dele. Muitas vezes, Charlie batia à nossa porta em uma correria louca e dizia ao nosso proprietário:

– Sr. Anderson, preciso de meia dúzia de latas de tomate emprestadas.

O Sr. Anderson respondia:

– Charlie, você sabe onde elas estão. Pode ir pegá-las.

Charlie, sempre correndo, ia até a prateleira onde ficavam os tomates, apanhava seis latas, corria de volta para o balcão, enchia as latas, assinava seu nome indicando que tinha pegado os tomates e saía correndo pela porta da frente.

Um dia, perguntei ao Sr. Anderson:

– Por que diabos Charlie Scott vive correndo?

O Sr. Anderson sorriu gentilmente e disse:

– O Charlie está lutando para conseguir um aumento, e vai conseguir.

– Sr. Anderson, como o senhor sabe que Charlie Scott vai conseguir um aumento?

– Eu sei que Charlie Scott vai receber um aumento porque, se o homem para quem ele trabalha não der, eu mesmo vou dar.

Ter segurança em sua profissão é isso. Independentemente de quem assinar o seu cheque, trabalhe por si mesmo. Quando fizer esse esforço, as coisas vão acontecer.

Há alguns anos, palestrando na Universidade Estadual do Mississippi, eu contei essa história. Quando terminei, um sujeito alto e esbelto veio até mim e disse:

– Deixe-me perguntar uma coisa. Quando foi a última vez que você viu Charlie Scott?

– Bem – disse eu –, Charlie é uns dois anos mais velho do que eu. Ele deve ter deixado Yazoo City em 1942 para entrar no serviço militar. Desde então, nunca mais o vi.

– Você provavelmente não o reconheceria, não é mesmo?

– Não, eu não o reconheceria.

– Logo imaginei. Eu sou Charlie Scott.

Charlie Scott se aposentou aos 52 de idade. Ele foi bem-sucedido em todas as áreas da vida, porque manteve os hábitos que havia adquirido em sua infância difícil, os aplicou durante todos aqueles anos e foi capaz de atingir os objetivos de que eu tanto falo.

A segurança determina a maneira como você lida com as situações da vida, principalmente seus relacionamentos. Adoro contar a história de uma experiência vivida por Buda.

Certo dia, um homem encontrou Buda na rua e começou a xingá-lo de nomes maldosos e feios. Buda ouviu com silêncio e atenção, até que acabou o repertório de xingamentos, e o homem teve que parar e respirar.

– Se você oferece algo a um homem, e ele o recusa, a quem pertence? – perguntou Buda.

O homem rancoroso respondeu:

– Pertence, suponho, àquele que o ofereceu.

Então Buda disse:

– O desrespeito e os nomes vis que você me oferece, eu me recuso a aceitar.

O detrator virou-se e foi embora.

Um indivíduo seguro de si nunca se sente diminuído pelas pessoas inseguras com a vida, pelas pessoas fracassadas, pelas pessoas amargas, pelos críticos. Estarmos seguros dentro de nós mesmos é o que importa.

Como determinar o que torna uma pessoa segura? Você é o que você é, e está onde está, por causa do que entrou em sua mente. Você muda o que você é e onde você está, mudando o que passa pela sua mente.

Como conseguir amigos? A melhor maneira de conseguir amigos é sendo um amigo. A maioria das pessoas que passa a vida em busca de amigos não os encontra; mas, quando você passa a vida sendo um amigo, você os encontra em todos os lugares. Uma atitude como a de Bill Cranford proporciona que as pessoas encontrem mais amigos.

O que é paz de espírito? Tenho grande respeito por um jovem chamado Peter Lowe, que oferece seminários nos quais eu palestro por todo o país. Peter queria comprar um pequeno negócio para sua sogra. Ao analisar vários pequenos negócios, em 22 casos seguidos ele perguntou se tinham livros de caixa dois, e os 22 responderam: "Sim, nós temos".

Após ter visto todos aqueles livros contábeis, Peter me disse: "Sabe, Zig, o mais triste é que a quantia que eles estavam sonegando do governo era muito pequena – entre US$ 1 mil e 5 mil. Mas já imaginou a angústia e a agitação que eles encaram toda vez que um oficial entra e anuncia: 'Eu sou do governo e estou aqui para ajudar'?".

Você sabe exatamente do que estou falando. Será que esses indivíduos têm paz de espírito? O quanto eles seriam mais produtivos, se jogassem limpo e fossem capazes de utilizar todos os seus recursos criativos? Acredito que isso faria uma diferença dramática.

Para mim, a paz de espírito nasce quando entendo onde vou passar a eternidade. Fiquei feliz ao ler recentemente que 90% das pessoas do país acreditam em Deus. Se conseguíssemos persuadir os 10% restantes a acreditar em Deus, teríamos ainda mais motivos para nos entusiasmar.

Manter um bom relacionamento com a família é extremamente importante, assim como a esperança. Se você tem todas essas coisas, sua esperança pode ser absolutamente legítima. A esperança é o combustível que impulsiona o motor do esforço ao longo de tempos difíceis, para enfrentar os obstáculos que frequentemente surgem na estrada para o sucesso.

Todas essas coisas constituem um pacote. Se você deseja tê-las, você deve se planejar para isso. O sucesso completo requer responsabilidade – responsabilidade por sua conduta e por seu desempenho, pois tudo isso tem consequências.

Eu adoro este trecho de Robert Orbin, que transcrevo em poucas linhas: dois pais estavam comparando notas. Um deles disse: "Estou realmente preocupado. Nossos filhos estão com problemas. Eu acho que a creche, o jardim de infância, o programa pós-escolar e as babás não os estão educando corretamente".

Isso diz alguma coisa, não é mesmo?

Responsabilidade – é disso que estou falando.

Entendam uma coisa: nem sempre os vencedores terminam primeiro. Sabem, há uma crença errônea em nossa sociedade de que, a menos que você seja o melhor em tudo e sempre ganhe, você não é um vencedor. Mas os vencedores nem sempre terminam em primeiro lugar. Os vencedores são aqueles que dão o melhor de si.

Em um Super Bowl, um dos verdadeiros vencedores foi um dos jogadores dos Buffalo Bills. A partida foi um fiasco para eles. Os Dallas Cowboys os venceram por 52 a 17, e todos sabem que eu sou um torcedor fanático dos Cowboys.

Se você tivesse nascido e sido criado na China comunista, hoje você seria um comunista. Se você tivesse sido criado em algum lugar onde as pessoas praticam vodu e adoram ídolos, você provavelmente seria um adorador de ídolos. Mas, se você tivesse nascido e sido criado em Dallas, você cresceria torcendo para os Dallas Cowboys.

De qualquer forma, estávamos perto do fim do jogo, ganhando de 52 a 17. Houve uma confusão, a bola quicou no chão e saltou acima dos jogadores. Leon Lett, dos Cowboys, agarrou a bola e disparou em direção à zona final. Ele chegou a vinte jardas (e eu verifiquei o *replay* para ter certeza de acertar a medição). Quando alcançou a linha das dez jardas, começou a fazer firulas, dançando com a bola nas mãos. Don Beebe, o grande receptor dos Buffalo Bills, estava na linha das vinte jardas. Ele alcançou a linha das dez jardas em menos tempo do que Leon havia levado para chegar à de vinte e roubou a bola. Não conseguimos o *touchdown*.

Entenda que não havia nada no planeta Terra – e Don Beebe sabia disso – que desse aos Bills alguma chance de ganhar aquele jogo; mas esforço, orgulho pessoal, tudo estava em prova no que dizia respeito a Don. Seu feito ajudou a equipe a enfrentar com orgulho a maior derrota de todos os tempos na história do Super Bowl.

O que eu estou querendo dizer? Você é um vencedor quando dá o máximo de si.

Deixando a bola cair

Muitas vezes, há situações sobre as quais não temos controle. Em 1986, o Penn State estava jogando contra o Notre Dame. O Penn State estava na frente. O Notre Dame tinha a posse de bola. Eles seguiam para a zona final, quando o atacante abriu a guarda. O *quarterback* o atingiu bem nas mãos, e ele deixou a bola cair. Se ele tivesse segurado a bola, o Notre Dame teria vencido. Ele deixou a bola cair; o Penn State venceu e foi à disputa do campeonato nacional.

Aqui está a mensagem. Os outros dez jogadores do time de Notre Dame fizeram tudo o que deveriam ter feito. Eles cumpriram sua missão com perfeição, mas uma pessoa deixou a bola cair.

Não importa qual é o seu trabalho. Não importa quais são as suas circunstâncias pessoais, em casa, na escola, no escritório ou na fábrica. Em várias ocasiões, você vai fazer tudo o que deve ser feito, e alguém vai deixar a bola cair.

Temos que aprender a lidar com as bolas que caem. Nossa atitude, nossa autoimagem fazem a diferença. A pergunta é: respondemos à vida ou reagimos a ela? Como sabemos, responder é positivo; reagir é negativo.

O sucesso exige mudanças e criatividade. Muitas pessoas resistem a essa mudança.

Uma das minhas histórias favoritas é sobre o sujeito que ganhou um violoncelo em um concurso. O livro de instruções tinha todas as páginas arrancadas, exceto a primeira; e tudo o que ela mostrava era como colocar sua mão esquerda no braço do instrumento e sua mão direita no arco. Ele pensou que essa era a maneira de tocar um violoncelo, então era assim que ele tocava. Johnny de Uma Nota Só – esse era o apelido dele.

Aquilo enlouqueceu sua esposa em pouco tempo. Então, um dia, ela tirou a sorte grande. Alguém lhe deu um ingresso para uma sinfonia. Ela foi assistir e ficou bem ao lado do palco – como quis a sorte, ao lado do violoncelista.

Quando chegou em casa naquela noite, ela estava animada: "Eu estava sentada ao lado do violoncelista, quase embaixo dele, e notei que ele movia a mão esquerda para cima e para baixo, enquanto o arco se movia em todas as direções. Não posso deixar de notar que você sempre mantém a mão exatamente no mesmo lugar. Por que faz isso?".

O marido não se deixou abalar. Ele respondeu: "Isso é fácil de explicar. Aquele rapaz ainda está procurando seu lugar na vida. Eu já encontrei o meu".

Se você já conseguiu tudo o que sempre quis, talvez não queira ler este livro; mas o fato de estar lendo me diz, sem sombra de dúvida, que você irá acolher essa mudança.

Motivação + informação = inspiração

Agora eu gostaria de dizer a vocês que motivação mais informação é igual a inspiração. Uma mulher chamada Mary Ellen Caldwell estava em um seminário meu. Durante um dos intervalos, ela veio até mim e disse: "Olhe o que eu tenho aqui".

Ela me mostrou uma lista de coisas que gostaria de fazer para incentivar seu pai, que havia sido forçado a se aposentar contra sua vontade, aos 65 anos de idade. Ela disse: "Papai perdeu o ânimo. Ele não tem mais vontade de viver. Está frustrado, sente que não é de nenhuma utilidade. Olhe, você me deu todas essas ideias".

Na verdade, eu não havia falado nada sobre aposentadoria e não havia dado nenhuma ideia. Então, o que aconteceu? Vou descrever tudo exatamente, porque acredito que esta é a chave para muitos mistérios da vida; isso explica por que, muitas vezes, as pessoas deixam de fazer muito do que poderiam.

Primeiro: Mary Ellen havia levado uma vida inteira de informação e experiência. Ou seja, ela havia aprendido muito.

Permitam-me um aparte, para dar a vocês uma informação intrigante. É algo subjetivo; não sei como provar, mas acredito que seja válido. Dois dos mais brilhantes doutores que já conheci me disseram o seguinte: em sua experiência profissional, mesmo que você já tenha um doutorado, menos de 0,5% de seu inventário total de conhecimentos virá de sua formação acadêmica. Agora, não me entenda mal: não estou dizendo que a educação não seja importante. A primeira coisa que você faz é aprender a ler, depois lê para aprender; no entanto, mais tarde, você aprende a ler as pessoas também.

Mary Ellen tinha uma grande bagagem de experiências de vida. Esse é o ponto número um. Em segundo lugar, ela sentia amor e preocupação pelo pai. Em terceiro lugar, ela tinha se disposto a participar daquele seminário de crescimento pessoal.

Vamos ver se conseguimos lançar alguma luz sobre o que aconteceu. A motivação, como você sabe, é a centelha que acende o fogo do conhecimento. Digo também que quanto mais você sabe e quanto mais ampla for sua base, mais novas ideias e informações virão beneficiá-lo. Para colocar tudo isso em prática, é necessário que você reserve um tempo tranquilo para pensar e reunir tudo.

Certa vez, um amigo chamado Fred Smith, que eu considero como meu mentor, estava jantando comigo e minha esposa. Como sempre, eu carregava meu bloco de notas. Nunca me encontrei com ele sem carregar um bloco de notas. Ele sempre tem algo para ensinar.

Naquela noite, ele disse uma coisa que me entusiasmou: "Zig, lembre-se que os grandes aprendizes nem sempre são grandes pensadores". Comecei a refletir sobre isso. Eu estava em Tampa, Flórida, e tinha ficado deitado em uma cadeira de dentista por umas cinco horas naquele dia; decidi que não iria fazer meu exercício, mas sairia para dar um passeio.

Fiz uma caminhada casual de quarenta minutos, seguida de um jantar muito tranquilo. Comecei a refletir sobre essa coisa chamada motivação; e motivar-se é puxar para fora aquilo que você tem dentro de si. Motivação mais informação é igual a inspiração. Então, de repente, as coisas se uniram. Isso explica o que tinha acontecido com Mary Ellen Caldwell e o que nos acontece conosco todos os dias.

Mary Ellen havia acumulado informações ao longo do tempo. Eu dei a ela outras informações novinhas em folha, o que a deixou empolgada; então ela levantou mais algumas que achava que havia esquecido, porque nunca as havia usado; e juntou todas elas. As informações olharam umas para as outras e disseram: "Ei, eu gosto de você! Você gosta de mim?". "Sim, vamos nos unir." Um casamento foi realizado, e nasceram muitas ideias que a animaram.

Além de todas as informações que obtemos, há momentos em que precisamos ficar em absoluto silêncio. Temos que pensar sobre o que estamos tratando. Quando fazemos isso, é incrível o que acontece. Você precisa regularmente de um *input* motivacional que traga novas informações, o que agita as informações antigas. Ambas emergem e se juntam, e é isso que cria novas ideias.

Por mais valiosas que sejam as gravações motivacionais, há momentos em que você gostará de escolher não as ouvir, ou até não ouvir nada. Por exemplo: quando você estiver caminhando, em vez de escutar músicas ou palestras motivacionais, pense em seu negócio ou em alguma coisa que você esteja enfrentando. Muitas vezes, é incrível quantas novas ideias podem nascer para você.

Enquanto eu palestrava, Mary Ellen tinha uma motivação e trouxe à tona coisas que pensava ter esquecido. A motivação é puxar ou projetar para fora. Ela encontrou novas informações, e foi exatamente essa projeção o que aconteceu.

Como usar a criatividade

Como podemos usar a criatividade em qualquer área de nossa vida? Gostaria de compartilhar com você uma das cartas mais emocionantes que já recebi. É de um homem chamado Carl Hugebeck. Ele ensina sobre formação de caráter em um curso chamado "Eu posso", em Bastrop, Texas. Ele tinha acabado de terminar uma aula, e eis o que disse:

> *Estas crianças estão em risco. Lembro a elas que, por viverem nos Estados Unidos da América, a educação e o autoaperfeiçoamento ao longo da vida precisam ser uma realidade. Estes estudantes tiveram uma formação difícil e vivem em situação de pobreza. Eles não precisam ser educados para serem otimistas, entusiasmados e orientados a metas. Eles já são. Eu lhes digo que eles sempre estarão em risco. Se eles continuarem fazendo o que estão fazendo, correrão o risco de se formar, ir para a faculdade, encontrar o parceiro ideal, prosperar e desfrutar a vida que Deus quis que eles tivessem. Portanto, sim; graças à educação do caráter e do "eu posso" nossos alunos estão realmente em risco.*

Você não adorou essa pequena reviravolta? Pense em todos os estudantes que ouvem repetidamente: "Você está em risco. Você tem sido vítima disso, daquilo e mais aquilo". É claro que, em muitos casos, é verdade: eles são vítimas.

Mas faz mais sentido usar a imaginação criativa e dizer: "Se você continuar fazendo isso, corre o risco de se formar. Você corre o risco de receber uma promoção. Corre o risco de ser bem-sucedido. Você corre o risco de ter muitos amigos". A criatividade faz a diferença.

Deixe-me dar outro exemplo. Walter Williams é, por acaso, um dos meus economistas favoritos. Ele escrevia um editorial para o *Dallas Morning News*.

Certa vez, escreveu: "Anyim Palmer fundou a Marcus Garvey School no centro-sul de Los Angeles em 1975. Se você fizer uma visita ao local, verá crianças de dois anos recitando o ABC, crianças de três anos contando em inglês, espanhol e swahili, crianças de quatro anos aprendendo matemática. Ao fundo do corredor, verá alunos da segunda série soletrando palavras como *farmacêutico*, *empreendedor* e *cerebelo*, repetindo de memória o 'Discurso de Gettysburg'."

Que tipo de escola é essa? Não é uma escola suburbana, rica e branca. É uma escola negra com quatrocentos alunos, localizada em uma região problemática de Los Angeles. Seus alunos não são superdotados. São crianças comuns, com pais dedicados.

Os diretores e professores, que também são negros, têm um orgulho sem limites e um senso de missão. Os professores são verdadeiros especialistas? Não. Eles são professores regulares. De fato, nem sequer possuem credenciais de ensino. O que os torna tão únicos? Eles têm liberdade para se adaptar, e o compromisso de ensinar aos alunos as coisas mais eficazes para suas necessidades.

Mais uma vez: com criatividade, podemos fazer muito mais do que imaginamos.

Drogas, crime e alcoolismo

Por que eu mencionei o curso "Eu posso"? Por que eu contei sobre o que acontece em uma escola? É muito simples. Todos nós, você e eu, estamos envolvidos com drogas, crime, gangues e álcool – essa confusão toda.

O melhor amigo do meu filho foi morto por um adolescente bêbado que passou pelo sinal vermelho a 120 quilômetros por hora, por volta da meia-noite.

Meu cunhado teve sua casa invadida por um viciado em drogas, que roubou um quadro de herança. Uma hora depois, esse quadro estava nas veias do viciado, sob a forma de heroína.

Faço o *check-in* em um hotel de luxo. Recebo a chave para o quarto 2.165, e me dizem: "Mas a chave diz que você está no 1.710". "Como assim?", eu pergunto. "Assim, se você for assaltado, não saberão para onde ir e não vão conseguir roubar o resto de suas coisas."

Encosto em um posto de gasolina às nove da noite, e uma placa diz: "Por favor, pague antes de abastecer".

Não vivemos em um bairro de baixa renda, mas há apenas uma rua em que minha esposa se sente confortável para caminhar em plena luz do dia.

Todos nós somos vítimas desses problemas; portanto, precisamos nos envolver para encontrar soluções. Por onde começar? Obviamente, com você mesmo.

Agora vou compartilhar uma pequena informação. Fiquei muito entusiasmado com isso, porque muitas pessoas em nossa sociedade apresentam comportamentos anormais, ou que nem sequer conseguimos começar a entender.

Recebi uma carta de um cavalheiro da Flórida, chamado Leland M. Heller, médico. Ele falava sobre o transtorno de personalidade limítrofe (*borderline*), que afeta entre 4% e 8% da população. Ele diz que o transtorno de personalidade limítrofe:

> *... é uma das principais causas evitáveis de abuso infantil, divórcios, abuso de substâncias e crimes violentos impulsivos. É um tema muito importante, e uma doença tratável.*
>
> *É basicamente uma forma de epilepsia no sistema límbico do cérebro. As vítimas apresentam exames neurológicos, oscilações cerebrais, memória e sono anormais. Esse transtorno é claramente um problema médico, mas é também um problema emocional. Os limítrofes não têm autoestima, não têm defesas psicológicas eficazes e sofrem a vida inteira com mudanças de humor incapacitantes, uma disforia terrivelmente dolorosa, crises frequentes de psicose e uma compreensão distorcida sobre a vida e as pessoas.*

Enquanto não se descobriam os medicamentos adequados, as pessoas com transtornos limítrofes não tinham essencialmente nenhuma chance de se recuperar, mesmo com aconselhamento e terapia. (É nesse ponto que precisamos entender essas pessoas um pouco melhor.) O Dr. Heller aponta que entre sete e vinte milhões de pessoas nos Estados Unidos sofrem desse distúrbio. Ora, o que isso tem a ver com a sua vida?

O Dr. Heller acrescenta: "Na minha opinião, é quase impossível que uma pessoa limítrofe atinja o bem-estar mental sem a leitura de livros motivacionais".

Os livros motivacionais são uma obrigação. Eles são tão importantes quanto as drogas. Você precisa receber as informações corretas para mudar sua maneira de pensar e sentir.

Certa vez, tive uma conversa com o Dr. Les Carter, que faz parte da equipe da Clínica Minirth-Meier. Eu disse: "Tenho uma ideia. Diga-me o que você pensa sobre isso. Na minha opinião, o propósito de todo aconselhamento é mudar nossa maneira de pensar".

"Zig", respondeu ele, "você está 100% certo". Mudar o pensamento dessas pessoas faz uma diferença dramática.

O Dr. Carter dizia algumas coisas legais sobre mim: "Zig não é apenas engraçado e motivador, mas também descreve valores e atitudes que aumentam as chances de ter uma vida de sucesso. Os pacientes não tratados têm seus valores distorcidos, devido à doença" (isso acontece com muitos de nós, não é mesmo? Distorção de valores). "Mas Zig apresenta um conjunto de novos valores, e nós podemos acreditar e viver de acordo com eles. Você pode discordar de algumas coisas. Nem todos concordam com tudo que Zig diz, especialmente sobre religião; mas você encontrará poucas áreas de discordância. Admiro muito o que suas fitas motivacionais têm feito por meus pacientes."

Reconheço que isso parece um pouco vaidoso da minha parte. Por favor, perdoe-me; mas é apenas para dizer que, quando você tem o *input* certo, quando o *input* é bom, claro, puro e positivo, tudo o que aconteceu no passado pode mudar totalmente. Você muda o futuro ao mudar seu pensamento. Você muda seu pensamento ao inserir as coisas certas em sua mente.

Modelos a serem seguidos

Você provavelmente concordará comigo que ter modelos a serem seguidos é de extrema importância. Você acredita que o estilo de vida de um modelo pode ter efeito sobre o estilo de vida da pessoa que se inspira nele?

Vamos identificar os modelos das crianças norte-americanas que têm entre sete e doze anos de idade. Para 39% delas, seu herói é uma estrela de cinema ou de televisão; para 19%, seu herói é um cantor (e, em praticamente todos os casos, um cantor de rock ou um rapper); para 11% delas, seu herói é um comediante; e, para 11%, seu herói é um atleta.

Não estou criticando essas pessoas; mas quantas delas você gostaria que seu filho tivesse como modelo? Que ele imitasse? Que seguisse seus hábitos e padrões?

Precisamos prestar atenção ao que estamos colocando em nossas mentes; porque, como você sabe, um dos negócios que mais têm crescido atualmente é o mercado de *coaching* ou aconselhamento.

Eu também perguntei ao Dr. Carter: "Qual a porcentagem dos aconselhamentos que têm a ver com relacionamentos?". Ele respondeu: "Cem por cento de todos os aconselhamentos têm a ver direta ou indiretamente com relacionamentos pessoais de diversos tipos".

Qual é a relação mais importante de todas? A relação que você tem consigo mesmo. Quando você se dá bem com *você*, é mais fácil se dar bem com outra pessoa.

Em uma pesquisa recente, quando foi perguntado a gerentes qual característica eles mais desejavam nos funcionários, 84% responderam: "Eu quero alguém que saiba se relacionar bem com os outros, fazer parte da equipe, trabalhar e cooperar com os colegas".

Você já notou que, quando há uma pessoa negativa em um grupo, ela desanima todos os outros? Se você der a uma pessoa negativa a oportunidade de falar, ela começa e não para mais. É por isso que os gerentes preferem pessoas que saibam manter bons relacionamentos.

O imperador e filósofo romano Marco Aurélio disse: "A felicidade da sua vida depende da qualidade de seus pensamentos". O que afeta seus pensamentos? O que está em sua mente? Como já disse, as pessoas à sua volta também afetam seus pensamentos.

Os princípios que estamos abordando aqui funcionam para indivíduos, funcionam para escolas, para empresas e para nações. Eu digo "princípios" em vez de "procedimentos" porque, quando você tenta fazer com que todos sigam o mesmo procedimento, você tende a ter problemas. Isso asfixia a criatividade. No entanto, se você começa com uma base sobre a qual construir, você tem "princípios"; é disso que estou falando.

Capítulo 5

A HISTÓRIA DE BERNIE LOFCHICK

Gostaria de compartilhar com você uma história que acredito que representa nossa filosofia mais que qualquer outra que eu já tenha ouvido. Quando você a ler, vai acreditar que todos devem ter esperança de que podem fazer grandes realizações.

Em 1965, eu estava palestrando em Kansas City. Foi a minha primeira grande apresentação. No programa estavam Elmer Wheeler ("O Maior Estadista do Mundo"), o educador Dr. Kenneth McFarland, o senador Milward Simpson e o especialista em administração Joe Batten. Era um time de pesos-pesados; e eu era apenas um novato.

Eu me sentia um pouco como o fazendeiro que inscreveu sua mula no Kentucky Derby. Alguém perguntou a ele:

– Você acha mesmo que aquela mula vai vencer o dérbi?

– É claro que não – respondeu ele. – Nem pensar.

– Então por que diabos você a inscreveu?

– Acho que estar perto dos melhores vai ser bom para ela.

De qualquer forma, quando o seminário terminou naquela noite, retornei para o Hotel Muehlebach, para o que eu pensava que seria um jantar solitário. Ao sair do elevador, ouvi a voz alta de um homem que agora amo como um de meus amigos mais próximos; para mim, ele é como um irmão. Seu nome é Bernie Lofchick. Ele disse:

– Zig, para onde você vai?

– Eu vou jantar.

– Venha comigo, eu pago.

Essa é uma oferta difícil de recusar. Como você sabe, as pessoas ficam felizes quando podem fazer coisas por você, e eu gostaria de deixá-lo feliz. Então respondi:

– Irmão Bern, aceito o seu convite.

Sentamo-nos para jantar. Sabe quando duas pessoas se identificam logo de cara? Ambos viemos de famílias grandes. O pai dele morreu quando ele era jovem. Ele trabalhou desde cedo em uma mercearia; eu também trabalhei em uma mercearia. Ele dirigia a maior empresa de utensílios de cozinha do Canadá; eu vendia utensílios de cozinha. Então tínhamos muito em comum, e eu disse:

– Bernie, você veio de Winnipeg para assistir a esse seminário?

– Sim, e valeu muito a pena. Tive algumas ideias ótimas.

– Mas, Bernie, voar de Winnipeg até aqui... Isso custou muito dinheiro.

Ainda não consigo acreditar que fui tão negativo.

– Sim, Zig. Mas, graças ao meu filho David, dinheiro não é problema para mim.

– Irmão Bern, essa parece ser uma grande história. Conte-me.

– Quando David nasceu, nossa alegria foi absoluta e completa. Já tínhamos duas meninas e, agora, tínhamos um menino. Mas rapidamente nos demos conta de que algo estava errado. Sua cabecinha parecia pender muito para o lado direito do corpo. Ele babava demais para uma criança saudável. Nós o levamos ao médico, e ele disse que não havia problema algum, que David iria melhorar; mas no fundo sabíamos que algo estava errado.

"Nós o levamos a um dos especialistas mais respeitados do Canadá, que disse que ele tinha apenas pés chatos. Ele fez um tratamento de quase seis semanas para isso, mas sabíamos que era algo mais sério. Fomos a outro especialista. Após um exame muito abrangente, o médico nos disse: 'Este garoto tem paralisia cerebral. Ele nunca será capaz de andar, falar ou contar até dez. Eu os encorajo a interná-lo em uma instituição, para o bem dele e para o bem dos outros membros da família.'"

Bernie Lofchick tem os olhos mais vívidos que já vi. E aqueles olhos escuros brilhavam enquanto ele falava:

– Mas, Zig, eu não sou um comprador. Eu sou um vendedor. Eu não conseguia ver meu filho como um vegetal indefeso e sem esperanças pelo resto da vida. Eu via meu filho – e aqui está a visualização, sobre a qual já conversamos – como um indivíduo feliz, saudável e produtivo. Então, fomos a outro especialista, e outro, e outro, e mais outro. Mais de vinte especialistas disseram que não havia esperanças para aquele menino.

"Depois ouvimos falar de um Dr. Perlstein em Chicago, famoso por ser a autoridade número um no mundo em paralisia cerebral; mas ele tinha a agenda tão cheia que não conseguiríamos uma consulta pelos próximos dois anos."

Bernie é um vendedor. Ele fez algumas ligações e recorreu a alguns contatos. Ele soube que o Dr. Perlstein era jogador de bridge e jogava com o filho todas as sextas-feiras à noite. Bernie conseguiu o número do telefone do rapaz, telefonou e conseguiu falar com o Dr. Perlstein. O médico prometeu que, se surgisse alguma desistência, ligaria para Bernie e Elaine, que levariam David até Chicago para uma consulta.

Onze dias depois, o telefonema veio. Um garotinho da Austrália havia desistido. Eles levaram David até Chicago. Quando o exame terminou, o Dr. Perlstein chamou os Lofchicks e disse: "Seu menino tem paralisia cerebral. Ele nunca será capaz de andar, falar ou contar até dez, se vocês derem ouvidos aos profetas da desgraça; mas quero que saibam que não estou preocupado com os problemas, estou preocupado com a solução. Acredito que há algo que vocês possam fazer por seu filho, se estiverem dispostos".

Os Lofchicks disseram: "Doutor, nós faremos qualquer coisa. Diga o preço". Foi uma palavra de fé, pois naquele momento eles não podiam arcar com altos custos financeiros.

O Dr. Perlstein e suas enfermeiras explicaram todo o plano em detalhes minuciosos. "Vai custar muito dinheiro; mas, muito mais importante, vai exigir muito empenho, paciência e disciplina de sua parte. Vocês terão que estimular este garoto para além de toda a resistência humana. E depois terão que forçá-lo um pouco mais.

"Terão que exercitá-lo até que ele caia de exaustão; depois precisarão pegá-lo e forçá-lo ainda mais. Vocês precisam entender que, por alguns meses, talvez alguns anos, não verão nenhum progresso; mas vocês não podem desistir. Vocês têm que continuar. Caso contrário, ele irá regredir.

"Mais uma coisa. Nunca deixem que ele faça terapia em um lugar onde ele possa ver outra vítima de paralisia cerebral; porque, instintivamente, ele poderá absorver em seu subconsciente os movimentos espásticos que os outros fizerem. Providenciem uma tela, para que ele não os veja."

Quando Bernie e Elaine voltaram para o Canadá, pela primeira vez na vida de seu filho eles tiveram esperança; e a esperança, como você sabe, é incrivelmente importante. Eles sentiram que o Golias da paralisia cerebral agora tinha um adversário com chances legítimas de vencer a batalha.

Os Lofchicks contrataram um fisioterapeuta e um fisiculturista para começarem a trabalhar. Levou muitos meses para que David movimentasse seu próprio corpo. Levou muitos meses, até que, um dia, o fisioterapeuta ligou para o escritório de Bernie e disse: "Venha para casa, Bernie. Acredito que David está pronto para um esforço supremo".

Bernie correu para casa e desceu até o pequeno ginásio privativo que tinham improvisado no porão. O terapeuta e o fisiculturista, vários vizinhos, as duas irmãs mais velhas, todos estavam à volta de David naquele pequeno tatame. Ele ia tentar fazer uma flexão de braço.

Ao elevar-se, o esforço físico e emocional foi tão grande que seu corpo ficou coberto de suor. O tatame estava molhado como se alguém tivesse aspergido água sobre ele. Foi um esforço que não podemos conceber; mas, quando aquela flexão perfeita foi concluída, David e seus pais, o fisioterapeuta, o fisiculturista e os vizinhos, todos se abraçaram e choraram. Foram lágrimas daquelas que claramente dizem que felicidade não é prazer; felicidade é vitória.

Um dos dias mais felizes da minha vida foi 23 de outubro de 1971, quando voamos até Winnipeg para assistir ao *bar mitzvah* do pequeno David Lofchick. Enquanto aquele rapaz caminhava forte e ereto até o altar da sinagoga para participar da cerimônia (que marca em sua fé a entrada na maioridade), o único sintoma visível da doença era um arrastar do pé direito, tão leve que era percebido apenas pelas pessoas que conheciam de antemão o seu problema.

Naquela época, David já conseguia correr mais de cinco quilômetros sem parar e fazia até mil flexões em um único dia. Ele já pedalava em sua terceira bicicleta e patinava com a equipe de hóquei do bairro. O mais surpreendente em tudo isso é que todos os médicos tinham dito: "Seu garoto não tem conexão motora com o lado direito do corpo. Ele nunca será capaz de nadar, nunca será capaz de patinar ou andar de bicicleta".

Eu menciono todos esses detalhes porque acredito ser uma das histórias mais comoventes, mais inspiradoras e mais importantes das quais eu já tive o privilégio de participar.

O Dr. Ken McFarland, ex-superintendente de educação em Topeka, Kansas, foi um dos meus heróis e um dos maiores oradores que já ouvi. Quando ele era um rapazinho na escola, sua professora perguntou:

– Ken, até onde você quer chegar na vida?

– Até onde eu puder – respondeu Ken.

Então ela apontou para o chão e disse:

– Ken, a escada começa aqui.

Ter uma base é algo extremamente importante.

Aprendendo com os Lofchicks

Agora vamos dar uma boa olhada na história de David Lofchick, para ver as lições que podemos aprender.

Primeiramente, devemos destacar a pedra fundamental da honestidade. Quando as coisas estão difíceis, quando você tem uma tarefa árdua pela frente, a honestidade é uma necessidade absoluta. Dizer a alguém o que ele quer ouvir hoje, sabendo que isso pode se voltar contra você amanhã, é algo destrutivo.

Os médicos e terapeutas de David e sua família foram honestos com eles: "Isso vai levar muito tempo". Eles os prepararam para um longo caminho. A honestidade é uma pedra fundamental de tremenda importância, sobre a qual devemos construir.

O que é caráter? É a capacidade de tomar uma boa decisão, depois que a emoção do momento tiver passado. Quando estabelecemos metas de longo prazo, é o caráter que nos permitirá alcançá-las; pois haverá momentos em que desejaremos mais que tudo desistir. Será que vale mesmo a pena?

Se você pudesse ver David Lofchick hoje, diria que sim, vale a pena. David tem três filhos lindos. O único sintoma visível da doença é tão ínfimo que você não poderia sequer identificá-lo, a menos que soubesse dele.

Hoje ele é um empresário bem-sucedido no ramo imobiliário. Trabalhou com seu pai em uma das maiores distribuidoras da Maytag[8] em todo o mundo, e agora abriu a própria loja de suprimentos de informática. Ele tem muitas coisas a seu favor.

Valeu a pena? Definitivamente, mil vezes sim, valeu a pena. O sucesso deles foi construído sobre a integridade. Com integridade, você não tem nada a temer, porque não tem nada a esconder.

Essa história também foi construída sobre o amor; é uma das mais belas histórias de amor que já ouvi. Quando David tinha cerca de dezoito meses de idade, eles tiveram que colocar um aparelho ortopédico em suas perninhas; e, a cada noite, quando o colocavam, tinham que apertá-lo cada vez mais.

David era um menino lindo, com olhos verdes, pele tom de oliva e cabelos pretos como carvão. E todas as noites ele olhava para seus pais, como se dissesse: "Eu preciso mesmo colocar isso hoje? Vocês precisam apertar tanto?".

Não creio que haja um pai ou uma mãe que consiga ler isso e não se identificar com o que estou dizendo. Seu filho, seu bebê, a pessoa que você mais ama, com lágrimas nos olhos, está dizendo: "Eu não posso ficar hoje sem isso? Vocês precisam apertar tanto?".

Os pais de David o amavam a ponto de estarem dispostos a dizer "não" às lágrimas de um momento para poderem dizer "sim" ao riso saudável de uma vida inteira.

---

8. A Maytag Corporation, fundada em 1893 na cidade de Newton, Iowa, é uma empresa americana de eletrodomésticos. Foi adquirida pela Whirlpool Corporation em abril de 2006. (Nota da Tradutora.)

Amar alguém não significa que você sempre deve dar a essa pessoa aquilo que ela pensa querer em dado momento. Amar alguém é fazer por essa pessoa o que é melhor para ela nesse momento. É disso que se trata o amor.

Devido à lealdade da família de Bernie a David, à lealdade de todos os seus parentes, de suas irmãs, do terapeuta e do fisiculturista, eles se tornaram uma família extremamente próxima. Muitas vezes, doenças graves dividem as famílias. Mas essa os aproximou.

Lealdade e sucesso

Como isso se aplica ao mundo dos negócios? O que a lealdade tem a ver com nosso próprio sucesso?

Numa bela tarde, quando eu estava em casa escrevendo, a campainha tocou. Fui até a porta. Era um grande amigo meu, chamado Bryan Flanagan, que também trabalhava conosco. Bryan estava um pouco pensativo e hesitante ao entrar. Ele disse:

– Sabe, detesto interromper o que você está fazendo, mas acabei de receber uma notícia e queria contar pessoalmente.

Ele tinha vindo me dizer que estava deixando a empresa.

– Eu recebi uma oferta, Zig; estou muito entusiasmado com ela.

Ele começou a descrevê-la, e até eu fiquei empolgado.

– Bryan – disse eu –, estou muito triste em ver você partir. Estou realmente triste.

Ele era um membro muito valioso da nossa equipe, mas partiu com minhas bênçãos.

Voltou alguns meses mais tarde e disse:

– Nem tudo que reluz é ouro. Eu gostaria de voltar a trabalhar com você.

É claro que ficamos muito contentes em recebê-lo de volta. Mas deixe-me explicar por que ele recebeu a oferta anterior. Por todos os lugares em que Bryan passava, ele falava sobre a grande empresa para a qual trabalhava e dizia que eu era uma boa pessoa: "É um ótimo lugar para se trabalhar. O ambiente é incrível. Todos tentam viver de acordo com o que dizem. É um lugar maravilhoso para se trabalhar". Ele tinha orgulho de todos nós.

Agora, gostaria de perguntar uma coisa a você. Você acha que Bryan teria recebido qualquer oferta de emprego, de qualquer outra pessoa, se ele dissesse por todos os lugares: "Você não conseguiria aguentar o que eu aguento no meu trabalho. Eles são um bando de vagabundos. Eles dizem uma coisa e fazem outra. Não consigo entender como alguém age dessa maneira". Quantos empregadores diriam: "Esse é o tipo de pessoa que eu gostaria de ter na minha equipe"?

Isso é perfeitamente aplicável a todas as áreas da vida.

Caráter e dificuldade

O homem de caráter encontra uma atração especial na dificuldade, pois somente por meio dela é que se pode desenvolver suas potencialidades. Sempre me perguntei como David poderia ter crescido ainda mais forte, mais rápido e mais inteligente, se tivesse recebido todas as bênçãos que você e eu recebemos ao nascer.

Então um dia encontrei a resposta. Se ele tivesse recebido mais, com toda a certeza teria acabado com menos, talvez consideravelmente menos. Essa é uma das razões pelas quais eu me refugio tanto em minha fé.

As Escrituras dizem que todas as coisas cooperam para o nosso bem.[9] Devemos agradecer a Deus pelas dificuldades. Quanto mais me aprofundo em minha pesquisa, mais me convenço de que desenvolvemos forças ao superarmos as dificuldades da vida.

Construindo a autoimagem

Vejamos outra coisa. David Lofchick, no início, não poderia ter uma autoimagem saudável; mas o autor Dr. Tony Campolo nos diz que a pessoa mais importante na nossa vida influencia nossa autoimagem mais do que qualquer outra coisa.

Quem eram as pessoas mais importantes na vida de David? Os pais dele. O que eles faziam para reforçar essa imagem? Todas as noites, desde que David era um bebê até se tornar adolescente, Bernie Lofchick voltava para casa.

Ele trabalhava à noite em uma empresa de utensílios domésticos. Durante sete anos, Bernie Lofchick trabalhou sete dias e sete noites por semana, devido às enormes despesas para dar a David uma oportunidade na vida. Ele folgou em uma única noite de sexta-feira nesse período. Durante o processo, ele se tornou o maior distribuidor de eletrodomésticos do Canadá e chegou lá simplesmente porque estava ajudando seu filho a ter uma vida melhor. Foi difícil? Com certeza foi.

Todas as noites, quando Bernie chegava, David estava dormindo. Ele o despertava, o segurava em seus braços e dizia: "Filho, eu te amo muito; e quero que saiba que você pode fazer tudo o que realmente quiser, filho. Você é um vencedor, em todos os sentidos da palavra". A esposa de Bernie,

9. "E sabemos que todas as coisas cooperam para o bem daqueles que amam a Deus, daqueles que são chamados para o seu propósito." (Romanos 8:28.)

Elaine, também dizia isso a David quando o garoto ia dormir. O amor era total, era exagerado, incondicional; e ele cresceu com essa segurança.

A sua segurança, a sua autoimagem, é de extrema importância. Ela começa com uma atitude correta – para consigo mesmo, para com seus semelhantes, sua profissão, a empresa onde você trabalha, a comunidade em que você vive e a nação da qual faz parte.

Capítulo 6

O PODER DOS PRINCÍPIOS

Gostaria de enfatizar como os princípios podem funcionar em sua vida pessoal, em sua vida familiar, em sua vida empresarial e, por que não, em âmbito nacional.

Você já deve ter ouvido falar de W. Edwards Deming, o homem que revolucionou a indústria japonesa. Homer Sarasohn foi outro guru da administração que fez um trabalho tremendo naquele país; mas deixe-me explicar por que eles foram capazes de fazer as coisas que fizeram.

O Japão é uma pequena nação, com a metade do tamanho do estado do Texas. Dois terços do seu território são improdutivos. Não possui recursos naturais, petróleo, gás, carvão, minério de ferro – nenhuma dessas coisas. Detém apenas metade da população dos Estados Unidos, e mesmo assim constitui uma das maiores economias no mundo.

Isso porque eles desenvolveram o recurso mais importante de todos. Isso tem a ver com algo que foi dito pelo juiz da Suprema Corte, Oliver Wendell Holmes Jr.: "A maior tragédia da América não é o desperdício de nossos recursos naturais, embora ele seja grande. A grande tragédia é o desperdício de nossos recursos humanos, porque as pessoas comuns vão para o túmulo levando suas habilidades junto com elas".

Pode ser um clichê, mas você sabe que é verdade. Você é o único que pode usar sua capacidade. É uma responsabilidade fantástica.

Por que os japoneses foram capazes de fazer tanto? Foi por causa da atuação do general Douglas MacArthur. Após a derrota do Japão na Segunda Guerra Mundial, MacArthur supervisionou a ocupação americana. Desde 1853, quando o comodoro Perry abriu as portas do Japão, ele já sabia que era uma nação guerreira. Quando começou a reescrever a constituição japonesa, ele sabia que não poderia transformar uma nação guerreira, da noite para o dia, em uma nação pacífica e produtora. Sabia que teria que começar na própria base – com as crianças. Então recrutou um educador, o Dr. Mark T. Orr, para revisar completamente a estrutura educacional do Japão.

O Dr. Bill Kirby, que era o secretário de Educação do estado do Texas, foi até o Japão e fez um estudo sobre o sistema educacional japonês. Eis o que eles aprendiam: desde o jardim de infância, uma hora por dia, as crianças assistiam a uma aula que enfatizava os valores de honestidade, caráter, integridade, trabalho duro, lealdade, parcimônia, entusiasmo, pensamento positivo, responsabilidade, patriotismo e livre iniciativa. Sobre o que temos conversado ao logo de todo este livro?

Há um relacionamento de cooperação entre os pais e o estudante, entre o educador, o governo e os empresários; eles trabalham juntos. Eles se tornaram uma força que estava pronta para trabalhar. É disso que estou falando aqui: desenvolver uma força de trabalho construída com base nos princípios de que temos falado.

No Centro Thomas Jefferson, em Pasadena, Califórnia, os pesquisadores passaram anos estudando valores do mundo inteiro. Eis o que eles descobriram: existem quinze valores que são comuns em todas as grandes civilizações e religiões do mundo. São eles:

1. Sabedoria.
2. Integridade.
3. Amor.
4. Liberdade *(é aí que nasce a criatividade).*
5. Justiça.
6. Coragem.
7. Humildade.
8. Paciência.
9. Laboriosidade.
10. Parcimônia.
11. Generosidade.
12. Objetividade.
13. Cooperação.
14. Moderação.
15. Otimismo.

Todas essas são as qualidades das quais tenho falado.

Ronald Reagan, eu acho, foi direto ao âmago da questão: "Se não instruirmos nossos filhos sobre justiça, religião e liberdade, estaremos condenando-os a um mundo sem virtude, a uma vida no crepúsculo de uma civilização em que as grandes verdades foram esquecidas". Creio que ele esteja certo.

Nossa atitude pode ser boa hoje e ruim amanhã. Sabemos como as coisas acontecem e reagimos em vez de responder; por isso nossa atitude está sujeita a muitas coisas.

Daniel Goleman escreveu um artigo interessante para o *The New York Times*. Mais uma vez, isso se relaciona com a história de David Lofchick. Mais importante ainda: isso tem a ver com *você* – com a sua história e a sua vida.

Um estudo com mais de 2.800 homens e mulheres com mais de 65 anos constatou que aqueles que classificam sua saúde como ruim têm 45 vezes mais probabilidade de morrer nos próximos quatro anos do que aqueles que classificam sua saúde como excelente. Isso acontecia mesmo quando os exames demonstravam que os entrevistados estavam em saúde perfeita. Um grupo se via negativamente, enquanto o outro se via positivamente. Eles foram influenciados pelo quadro que pintavam de si mesmos; e os resultados, neste caso, foram fatais. Essa descoberta é comprovada pela revisão de cinco outros grandes estudos, que totalizaram 23 mil pessoas.

O velho provérbio "Como um homem pensa em seu coração, assim ele é"[10] tem uma grande validade. Se você pensa que pode ou que não pode, estará absolutamente certo.

Quando Bernie Lofchick recebeu a notícia de que seu filho viveria a vida como um vegetal, ele disse de imediato: "Eu não acredito nessa ideia. Vejo meu filho vivendo uma vida feliz, saudável e normal".

A fé também é primordial em situações como essa. Adoro aquela história do homem que parou no mirante da montanha para ter uma visão melhor da paisagem. Ele se aproximou um pouco demais da borda, escorregou e começou a cair. Foi uma queda de aproximadamente quatrocentos metros. Ele se agarrou à última arvorezinha que restava e começou a gritar por ajuda.

Ouviu-se uma voz profunda:

– Filho, você acredita?

– Ah, sim, eu acredito! Eu acredito!

– Então solte o galho.

– Socorro! Tem mais alguém aí em cima?

---

10. "Porque, como imaginou na sua alma, assim ele é." (*Provérbios* 23:7.)

Como podemos ver, infelizmente muitas pessoas ainda estão nesse estágio da fé.

A escada dos relacionamentos

Talvez você pense em construir relacionamentos como uma escada para chegar ao topo. No topo, nós podemos avistar aquilo que queremos. Na base, olhamos para a fundação e depois começamos a subir os degraus. O elevador para chegar ao topo está quebrado. Sempre esteve. Você vai ter que subir pelas escadas, um degrau de cada vez.

Quanto aos relacionamentos familiares, gostaria de fazer uma pequena confissão a você. Eu tenho três filhas e um filho. Nunca duvidei em meu coração de que amava cada um deles de forma igual; mas, à medida que meu filho se tornou um homem, casou-se e começou seu próprio negócio, comecei a notar algo. Eu nunca teria notado, se não tivesse ouvido o que o ex-jogador e ídolo da NFL Bill Glass tinha a dizer: "Eu raramente consigo ver minhas meninas e nunca falo com elas ao telefone sem dizer, em algum ponto da conversa, que eu as amo muito".

Eu amo meu menino tanto quanto amo minhas meninas; mas, com o passar dos anos, fui me esquecendo de dizer isso a ele. Às vezes, nós, homens, temos vergonha de dizer essas coisas. Ouvi o relato de Bill Glass sobre uma experiência com seu filho de 120 quilos, sobre como ele o abraçou e disse: "Filho, eu te amo muito". O filho respondeu: "Obrigado, papai. Eu precisava disso". Todo mundo precisa disso.

O triste é que muitos de nós amamos nossa família, mas, de uma forma ou de outra, esperamos que eles descubram isso por si sós. Mas isso precisa ser verbalizado. Alguns dias, depois de ter ouvido Bill Glass, eu e meu filho jogamos uma rodada de golfe, que é nossa atividade recreativa favorita. Voltamos para casa. Estávamos passando os tacos do meu carro para o dele, e eu disse: "Filho, tenho uma confissão a fazer para você. Notei que há algum tempo estou negligenciando algo que é extraordinariamente importante. Eu tenho me esquecido de dizer o quanto eu te amo. Quero que você saiba, filho, que eu te amo de verdade".

Meu filho respondeu: "Papai, eu sei disso", e pude ver a marca de uma lágrima. Ele me agarrou e me abraçou. Desde então, quando nos cumprimentamos, não é mais com um aperto de mão. Sempre nos abraçamos.

Eu nunca encontrarei palavras suficientes para dizer isto: pai, é tão importante que você ame seu filho. Não importa se ele tem 28 ou 65 anos. Você precisa abraçar seu filho. Eu sei que você sempre vai abraçar suas meninas, mas também precisa abraçar seus garotos e dizer a eles que os ama. Isso faz toda a diferença. Creio que seja uma das principais razões pelas quais David Lofchick tem se saído tão bem: ele pôde sentir essa segurança, muitas e muitas vezes.

O poder dos objetivos pequenos

Você precisa ter uma série de objetivos na vida; e, às vezes, quando o objetivo final estiver muito distante, poderá perdê-lo de vista, a menos que tenha objetivos diários ao longo do caminho.

Uma das minhas pessoas favoritas é Byron Nelson. Trago esse exemplo porque ele comprova tudo que estou falando. Em 1944, Byron venceu oito torneios de golfe e ganhou US$ 38 mil. Naquela época, isso era muito dinheiro para um torneio de golfe. Era muito dinheiro na vida. Isso o deixou preparado para os acontecimentos de 1945.

Em 1945, Byron estabeleceu um recorde que nunca será batido. Eu acredito enfaticamente que ninguém jamais se aproximará do recorde que ele estabeleceu em 1945. Ele venceu onze torneios de golfe consecutivos. Participou de 31 torneios no intervalo de um ano e venceu um total de dezoito. Ficou em segundo lugar sete vezes; portanto, em 25 dos 31 torneios ele ficou pelo menos em segundo lugar. Sua pior colocação foi em nono lugar.

O recorde estabelecido em 1945 começou em 1944. O que estabelece um vencedor hoje é o que se faz antes de chegar ao topo. A série de vitórias iniciada em 1944 foi o primeiro fator; mas deixe-me explicar qual foi o fator decisivo.

Byron começou a fazer anotações meticulosas. Ele disse: "Eu era tão consistente em meu jogo que podia acertar de primeira em quase todas as tacadas. Às vezes, eu acertava na segunda ou na terceira. Mas, sinceramente, tudo aquilo foi ficando um pouco chato".

Então ele se lembrou de seu objetivo de longo prazo, que era comprar um rancho. Sua meta financeira era comprá-lo à vista. Felizmente, ele mantinha registros exatos para cada torneio de que participou em 1944. Sabia como acertava ou errava cada tacada; e notou duas coisas.

Primeiramente, Byron notou sua falta de concentração, porque o jogo havia se tornado chato para ele. Também notou que as tacadas em que mais falhava eram as do tipo *chip-in*.[11] Ele nunca teria sabido essas coisas, se não tivesse mantido seus registros.

Assim, em 1945, ele começou a estabelecer conexões. Ele diria: "Se eu conseguir melhorar meu *chip-in*, isso me ajudará a comprar mais uma vaca. Se eu ganhar este torneio, poderei comprar mais dez acres de terra". Ele identificou cada objetivo separadamente e os relacionou a cada torneio.

A lição que podemos aprender, tanto com Byron quanto com David Lofchick, tem a ver com objetivos. David tinha os objetivos de aumentar seu número de flexões de braços e a distância que corria. Ele se dispu-

---

11. *Chip-in*: no golfe, é uma pancada curta e certeira, em que a bola rola pela grama e depois entra no buraco. (Nota da Tradutora.)

nha a trabalhar muito para isso. Lembre-se: ele era um garoto que não tinha senso de equilíbrio. Todas as manhãs, durante um inverno rígido, ele acertava seu relógio de oportunidades uma hora mais cedo do que qualquer outro membro da família. Acordava, pegava patins de gelo e se obrigava a ir até a piscina congelada, apenas para aprender a se levantar.

Como David aprendeu a andar de bicicleta? Eles contrataram um fisioterapeuta. Ele subia na bicicleta, e o fisioterapeuta corria atrás dele, estabilizando-a até que ele pudesse aprender a manobrar, mesmo sem ter senso de equilíbrio. Ele acabou com muitas bicicletas antes de conseguir fazer isso; machucou-se e ficou com os joelhos esfolados por muitas vezes.

Algumas crianças conseguiam ser terrivelmente cruéis. Elas corriam na direção dele, sabendo que ele teria que desviar para não as atropelar; mas, sem um senso de equilíbrio, ele caía. Eram tempos desanimadores. O que o garoto fazia? Ele se reerguia, começava de novo.

Muita gente não vai ser simpática conosco enquanto passamos pela vida. Muitas vezes, elas vão atrapalhar nosso caminho. Você deve ser persistente se deseja alcançar o sucesso.

Nunca desista de você

Você poderia dizer: "Zig, preciso falar sobre aquele meu filho ou filha, ou sobre um dos funcionários. Eles não têm nenhum desejo ou ambição; se contentam em passar pela vida na mediocridade. Eu faço tudo o que posso. Não consigo inspirá-los!".

Por que o desejo é tão importante? É ele que transforma a água morna da mediocridade no vapor do sucesso excepcional. Pequenas coisas fazem grandes diferenças na vida.

É a parte do cobertor que paira sobre a cama que nos mantém aquecidos. Se você não acredita nisso, nunca sofreu com um cobertor curto no exército.

Se é um gerente de vendas, alguma vez já teve um vendedor que veio até você e disse "Não me dê comissão total sobre este aqui. Metade da comissão já está bom"?

Lembre-se: a diferença entre o sucesso e o fracasso pode ser medida em poucos minutos.

Muitas pessoas que não desejam nada, na verdade, pensam assim: "Não acredito que eu possa. A imagem que eu tenho de mim mesmo é a de um perdedor". Por isso, devemos trabalhar sua confiança e autoestima e convencê-las de que elas podem; e então o desejo nascerá.

Procure pelas boas notícias

Muitas vezes, as pessoas dizem: "Eu evito o jornal. Está cheio de más notícias". Mas eu leio o jornal todos os dias, porque ali você pode encontrar qualquer coisa que esteja procurando.

Por dez anos, ministrei um curso de 48 semanas na Escola Dominical e sempre começava lendo o jornal para a classe. Eu lia as boas notícias que poderiam ter perdido naquela semana, porque consigo pegar qualquer jornal e encontrar algo que seja otimista e inspirador, que eu possa aplicar em minha vida. Depende do que você está procurando.

Muitas pessoas, como eu disse, encontram falhas em tudo, como se houvesse uma recompensa por isso. Precisamos começar a procurar pelas coisas boas. Deixe-me dar um exemplo.

Em uma coluna no *Dallas Morning News*, Steve Blow escreveu sobre Tony Casillas, o grande batedor dos Dallas Cowboys. Ele tinha feito uma visita ao Colégio Sunset de Dallas e dito às crianças: "Os oito alunos que tiverem mais frequência e mais notas boas vão jantar comigo".

A competição foi dura. Um dos vencedores foi Israel Ramirez, um jovem famoso por sua extensa coleção de notas D e F. Ele mergulhou de cabeça naquela competição e acabou ficando no quadro de honra. Segundo ele, uma coisa boa que aconteceu pelo caminho foi ter encontrado novos amigos. Os amigos com os quais estava se comparando eram repetentes e também costumavam tirar notas ruins; então, ele decidiu mudar de amigos.

Certa vez, o *Los Angeles Times* publicou um extenso artigo mencionando que as pessoas que chegam ao topo, em algum momento da vida, invariavelmente tomam a decisão consciente de se associar com vencedores em vez de perdedores. Como diz a Bíblia: "Não se engane; as más companhias corrompem os bons costumes".[12]

Tendo trabalhado por muito tempo na batalha contra as drogas, posso dizer a vocês que, se um jovem convive com outros que estão usando drogas, as chances de que também se envolva com elas são oito vezes maiores. É aí que entra a pressão dos colegas.

Em Deuteronômio 20:8, Deus nos diz que as pessoas covardes, aquelas que não querem lutar, devem ser mandadas para casa – para que não influenciem e não desanimem os outros.[13] Eles também ficarão assustados, e nós acabaremos perdendo a batalha.

Associar-se com as pessoas certas é a chave. Um dos vencedores do jantar de Tony Casillas foi um jovem chamado Raymond Sanchez. Raymond teve uma educação primorosa. Sua mãe o havia instruído de

---

12. "Não vos enganeis: as más conversações corrompem os bons costumes." (*1 Coríntios* 15:33.)

13. "Quem dentre vós é um homem medroso e de coração tímido? Vá e torne-se à sua casa, para que o coração de seus irmãos não se derreta como o seu coração." (*Deuteronômio* 20:8.)

acordo com os princípios certos; mas, quando ele passou para a oitava série, foi transferido para uma escola maior.

Quando as crianças mudam de escola, elas precisam fazer novos amigos. Mas são frequentemente vistas como "carne fresca" pelas crianças envolvidas em atividades sexuais, gangues, roubos e assim por diante. E, muitas vezes, uma criança que se muda para uma nova escola quer ser aceita por qualquer pessoa. É aí que mora o perigo. É quando precisamos manter os olhos abertos.

Quando Raymond foi para aquela nova escola, ele notou que havia um aluno da oitava série que comandava os outros. Ele parecia ser muito legal, então Raymond começou a se vestir como ele, cortar o cabelo como ele, andar como ele, falar como ele. Aquele aluno da oitava série era o "avião" das drogas na escola. Em pouco tempo, Raymond também estava traficando. Começou com a maconha. Mais tarde, passou a vender cocaína e Corvettes – literalmente. Depois começaram os tiroteios, e Raymond percebeu que as coisas não iam bem.

Quando se fala sobre influência, lembre-se que ela funciona nos dois sentidos. A namorada de Raymond frequentava a Dallas Can Academy, uma escola composta inteiramente por jovens repetentes e crianças em situação de risco. Ela disse: "Raymond, é uma escola maravilhosa. Estou aprendendo coisas incríveis". Então, ele decidiu que iria para aquela escola. Sua namorada o influenciou para o bem.

Após os primeiros dias na nova escola, Raymond percebeu como sua vida era miserável. Ele tinha dinheiro, carros, garotas e tudo mais, mas era um miserável.

No final, Raymond se formou como o orador da turma. Ele trabalha no programa de intervenção de gangues da prefeitura de Dallas e atua junto aos jovens da Dallas Can Academy. Grant East, o diretor da escola, diz que ele é um jovem único.

Gostaria de deixar aqui mais uma mensagem: nunca desista das nossas crianças, embora isso às vezes seja tentador. Nunca desista de si mesmo.

Valores e princípios morais

Como já enfatizei, o fracasso é um evento; não é uma pessoa. O ontem terminou ontem à noite. Hoje é um novo dia.

Quando eu tinha 45 anos de idade, estava quebrado e com dívidas. Eu sempre trabalhei e tive uma boa conduta; mas, enquanto não adotei alguns princípios e mudei a imagem que tinha de mim mesmo, minha vida não mudou. A imagem que temos de nós mesmos é importante, mas gostaria de ressaltar que nossos valores também são.

Chegamos a um ponto em que restam pouquíssimos princípios morais. Um de meus vendedores, Don Michaels, teve uma conversa telefônica interessante. Um professor telefonou para conversar sobre alguns dos produtos que vendemos e, a certa altura, disse:

– Hoje em dia, não podemos mais ensinar às crianças o que é certo e o que é errado.

– Espere um minuto! – disse Don. – Não podemos dizer a elas o que é certo ou errado?

– Não, isso é julgar. Nós apenas apresentamos os fatos. Não podemos dizer a elas o que é certo e o que é errado.

– Estou um pouco confuso – disse Don. – Não podemos dizer a elas o que está errado, mas, se errarem, nós as colocamos na cadeia. Isso é justo?

Os princípios morais, creio eu, são muito importantes. Muitas vezes as pessoas dizem: "Você fala de valores, mas de quem são esses valores?". Bem, eu tenho uma lista. Desafio os pais, os educadores e qualquer pessoa a percorrer essa lista e me dizer: qual deles você não quer que seus filhos aprendam? Você não quer que eles aprendam a ser honestos? A ter caráter? Que tal a responsabilidade? Disciplina, talvez? Comprometimento e entusiasmo? E uma atitude mental positiva?

Não estou falando sobre religião; estou falando sobre valores. Em nosso curso "Eu posso", não ensinamos religião, ensinamos valores.

John F. Kennedy soube expressar muito bem essas ideias. Aqui vai um trecho do discurso que ele teria proferido em Dallas, no dia em que foi assassinado:

> *Nós, neste país, nesta geração, somos – por destino, mais do que por opção – os guardiões dos muros da liberdade mundial. Pedimos, portanto, que sejamos dignos de nosso poder e responsabilidade; que exercitemos nossa força com sabedoria e moderação; e que possamos lograr nesta era, e por todos os tempos, a antiga visão de "paz na Terra para os homens de boa vontade". Essa deve ser sempre a nossa meta; a retidão da nossa causa deve sempre sustentar a nossa força. Porque, como foi escrito há muito tempo, "se o Senhor não guardar a cidade, em vão vigia a sentinela".*[14]

Eu concordo com ele. Sobre essas bases, o nosso país foi construído. Somos uma sociedade orientada por valores.

O almoço grátis que nunca existiu

Quantos de vocês gostariam de se casar com alguém que fosse honesto, que trabalhasse duro e fosse otimista? Acha que essa é uma pergunta tola? No entanto, é uma pergunta que precisa ser respondida.

---

14. *Salmos* 127:1.

Uma de minhas histórias favoritas nesse sentido foi contada há muitos anos. Um rei convocou seus sábios e disse: "Quero que vocês reúnam para mim toda a sabedoria de todos os tempos. Quero que a organizem no formato de um livro".

Eles saíram e escreveram por muito tempo. Voltaram com doze grandes volumes. O rei olhou para eles e disse: "Tenho certeza de que esta é a sabedoria de todos os tempos, mas está muito longa. As pessoas não vão ler tudo isso; é preciso condensar".

Eles voltaram com apenas um volume, depois um capítulo, depois uma página e finalmente um parágrafo; mas o rei continuava a dizer-lhes para condensar.

Por fim, voltaram com uma única frase. Ao olhar para ela, o rei disse: "Ei, é isso aí! Quando todos os homens em todos os lugares aprenderem isso, a maioria de nossos problemas será resolvida". A frase simplesmente dizia: "Não existe almoço grátis".

Essa é uma mensagem muito importante. Realmente não existe almoço de graça. Nós temos que trabalhar. A família do sucesso tem o trabalho como pai e a integridade como mãe. Trate bem aos seus pais, e você não terá problemas com o resto.

O trabalho é a base de todos os negócios; é a fonte da prosperidade e o pai da genialidade. O trabalho pode fazer mais pela juventude do que seus próprios pais, por mais que eles sejam ricos. Ele é a semente da mais humilde poupança e lança os alicerces de qualquer fortuna. É o sal que dá sabor à vida. Para que ele possa conceder suas maiores bênçãos e realizar seu maior propósito, ele deve ser amado.

Quando amado, o trabalho torna a vida doce, frutífera e cheia de propósito.

Eu sei que estou usando muitos clichês. Algumas pessoas são *experts* em condená-los; mas o que é um clichê? É uma verdade que se mantém através do tempo. A humanidade perderia metade de sua sabedoria arduamente conquistada, construída com paciência ao longo dos tempos, se um dia perdesse seus clichês.

Mais um deles é: "Não há jeitos fáceis para vencer na vida, apenas jeitos difíceis". Você concorda com isso? O sucesso é fácil? Alguma coisa é fácil? Não, mas pode ser divertido; e isso é o que continuo tentando enfatizar.

A filosofia mais bela do universo não funcionará se você não a colocar em prática. A educação pode desbravar novas terras, mas você precisa cultivá-las.

Uma de minhas histórias favoritas tem a ver com uma coisa que aconteceu muitos anos atrás. Era um dia de muito calor no Meio-Oeste. Uma equipe trabalhava em um trecho da ferrovia, quando surgiu um luxuoso trem com quatro vagões, e no último havia um restaurante deslumbrante.

Uma janela se abriu no último vagão, e uma voz começou a chamar.

– Dave, é você? Dave Anderson, venha aqui!

Dave Anderson era o líder da equipe de trabalho debaixo daquele sol quente. A voz que o chamava era de Jim Murphy. Ele continuou:

– Venha aqui, Dave. Eu quero falar com você.

Dave ficou muito feliz em sair do sol quente para entrar naquele vagão com ar-condicionado. Caminhou até Jim, e eles se cumprimentaram calorosamente. Entraram e tiveram uma agradável conversa. Ao final de uma hora, Dave e Jim apertaram as mãos, e Dave voltou para sua equipe de trabalho.

Um dos trabalhadores disse:

– Dave, você conhece aquele homem?

– Ora, claro. É Jim Murphy, presidente da ferrovia.

– Como você conhece Jim Murphy tão bem?

– Começamos a trabalhar nesta ferrovia no mesmo dia, há mais de vinte anos.

– Dave, como você explica isso? Você ainda está aqui trabalhando, no sol, e ele está em um carro com ar-condicionado e é presidente da ferrovia.

A resposta de Dave Anderson é uma grande lição de vida. Ele respondeu:

– Há mais de vinte anos, eu vim trabalhar na ferrovia para ganhar US$ 1,75 por hora. Já Jim Murphy veio trabalhar para a ferrovia.

É uma via de mão dupla. A empresa precisa oferecer treinamento, inspiração e oportunidades. Quando o trabalhador recebe a oferta com alegria, entusiasmo, compromisso e esforço honesto, tanto a gerência quanto os trabalhadores estão do mesmo lado. Quando isso acontece, a produtividade não é mais um problema.

Crazy for You (Louco por você)

A Ruiva e eu tivemos a oportunidade de ver o musical *Crazy for You.*[15] Ficamos encantados.

Eu não consigo assistir a nada sem pensar: como posso usar isso? O que eu posso aprender com isso? É nesses momentos que encontro meu maior prazer.

Enquanto observava aqueles artistas, fiquei fascinado e pensei: “Podemos aprender algumas lições com isso”.

Para começar, cada cantor e dançarino estava se esforçando ao máximo. Eles deram tudo de si, desde o início até o final. O entusiasmo era contagiante. Eles tinham a convicção de que seu papel fazia a diferença

15. *Crazy for You* estreou na Broadway em 1992 e, no ano seguinte, foi indicado a nove categorias do prêmio Tony (o Oscar dos musicais), vencendo em três delas, incluindo a de melhor musical. Foi inspirado no clássico musical *Girl Crazy*, de 1930, com melodias de George Gershwin e letras de seu irmão Ira Gershwin. O musical foi adaptado três vezes para o cinema. A versão mais famosa nas telas é a de 1943, protagonizada por Judy Garland e Mickey Rooney. (Nota da Tradutora.)

e determinaria se a apresentação seria ou não um sucesso. Sabe de uma coisa? Eles estavam certos.

É a mesma velha história: por falta do prego, perdeu-se a ferradura. Por falta da ferradura, perdeu-se o cavalo. Por falta do cavalo, perdeu-se o cavaleiro. Por falta do cavaleiro, perdeu-se a batalha. E, por falta da batalha, perdeu-se a guerra. Muitas vezes o problema está em uma única pessoa, e em pequenas empresas isso causa muitos problemas.

Os rapazes e as garotas daquele musical se comprometeram a dar o melhor de si; tudo de si. Podia-se ver e sentir a maneira como eles se encorajavam mutuamente: "Vamos lá", "Você consegue, você consegue!". Quando um deles cantava, todos os outros olhavam para ele; e você conseguia sentir no ar o quanto incentivavam uns aos outros. (Pense como isso faria diferença na maioria das empresas.) O espírito de equipe era absolutamente belo. Sabiam que funcionavam como um só, e havia muita confiança envolvida.

Não sei se você já observou um grupo de dançarinos. Eles precisam ter uma boa forma física. Precisam ser atletas para fazer muitas daquelas coisas. A certa altura, a estrela do espetáculo está correndo por todo o palco e, durante cinco minutos, nunca olha para trás. Então sobe em uma plataforma e, sem olhar os arredores, ela se joga.

Se alguém não estivesse lá para pegar aquela atriz, ela ficaria gravemente ferida. Ela tinha confiança, por causa de todas as coisas que tinham acontecido antes. Isso traz à tona algo chamado *timing*; o *timing* do que fazemos é importante. E eles estavam se divertindo; eles se divertiam imensamente com o que faziam.

Acredito que, qualquer que seja o trabalho, em qualquer lugar ao longo do caminho, todos nós podemos tirar um pouco de prazer dele. Há um pouco de humor em quase tudo.

Sei que isto vai soar como humor cruel, mas conheci um homem que riu alto depois de ter passado pelo choro. Jim Norman, o CEO de nossa empresa, um dia estava caminhando em uma calçada escorregadia. Ele escorregou e acabou se esborrachando no chão. Metade das pessoas que viram o tombo achou que era a coisa mais engraçada de todos os tempos. Obviamente ele não estava machucado, senão não estariam rindo.

O que há de engraçado em ver alguém cair? Alguma vez você já caiu? Você não se sente a pessoa mais pateta do mundo? (Isso, se não doer.) Você fica muito envergonhado.

Aconteceu comigo recentemente. Estávamos no metrô do Aeroporto de Dallas-Fort Worth. Você sabe como eles sempre dizem: "Segure-se bem". Mas eu sou teimoso, sempre acho que tudo vai dar certo. Então, estava ali em pé, sabe? E, de repente, *bam!*. Acionaram os freios, e eu caí como um saco de batatas. Depois de superar o choque e de um pouco de vergonha (e, felizmente, saí sem um machucado), achei engraçado. Você pode rir de mim também!

Os rapazes e as garotas daquele musical eram trabalhadores esforçados. Davam tudo de si. Coloque isso em prática em sua vida pessoal, na escola, na família, na empresa, e ficará maravilhado com os resultados.

Agora deixe-me contar o resto da história. Provavelmente menos de 10% das pessoas que estão lendo isto ganham menos dinheiro do que todos os atores daquela produção; talvez com exceção dos três ou quatro atores principais. O teatro é uma das indústrias mais incertas em todo o mundo.

Por que os artistas trabalham? Em primeiro lugar, porque eles gostam. Em segundo lugar, porque cada um deles, no fundo, tem a convicção de que um dia se tornará grande. As chances de acontecer o contrário são astronômicas; mas, sem essa esperança, não haverá nenhuma chance.

O que quer que você faça, as chances de que o mesmo esforço, o mesmo entusiasmo e o mesmo compromisso de ensaiar várias e várias vezes determinem até onde você chegará em sua carreira são muito maiores. Você deve se preparar antes de ir para o trabalho.

Outro ponto importante: ao final do espetáculo, se não houvesse aplausos para todo aquele esforço, a peça já teria morrido há muito tempo. Shakespeare dizia que o aplauso de um único ser humano provoca grandes consequências. Todos nós precisamos de aplausos.

Meu amigo James Howard é um consultor que faz estudos de movimento e produtividade para nossa empresa. Ele conta que, quando se questiona aos funcionários "O que diz a gerência quando você completa uma tarefa?", 94% deles respondem que a gerência não diz nada. Isso é uma desgraça. Se aplicássemos o princípio do aplauso, poderíamos conquistar muito mais.

A desculpa do perdedor

Por que as pessoas não desenvolvem seus talentos e não trabalham tão duro quanto são capazes de fazer?

A negação é a primeira coisa. A primeira desculpa do perdedor é dizer que não tem a capacidade e o talento: "Você não pode esperar muito de mim, porque eu não consigo". É por isso que boa parte deste livro tem sido dedicada a mudar a imagem que você tem de si mesmo.

Outra de minhas histórias favoritas aconteceu na virada do século passado, em Beaumont, Texas. Um homem estava vendendo sua propriedade pouco a pouco, devido à seca e a uma crise econômica. Uma empresa petrolífera apareceu e disse: "Senhor, talvez haja petróleo debaixo de sua propriedade. Vamos perfurar. Se encontrarmos petróleo, o senhor receberá os royalties sobre cada barril". O homem não tinha nada a perder e então respondeu: "Ok, vamos nessa!".

Iniciaram-se as atividades. Naqueles tempos, as torres de perfuração eram feitas de madeira. Quando o petróleo foi finalmente encontrado, o jato foi tão forte que destruiu a torre. (Quanto maior a destruição, maior o entusiasmo.)

Nos onze dias seguintes, centenas de milhares de barris de petróleo jorraram da perfuração, antes que conseguissem tampá-la novamente. Era o Spindletop, o poço de petróleo mais produtivo da história. Três grandes empresas petrolíferas nasceram naquele campo. O dono da propriedade se tornou um milionário da noite para o dia. Será mesmo?

Na realidade, ele já era multimilionário desde que adquirira a propriedade. Mas, até que o petróleo fosse descoberto, trazido à superfície e comercializado, não tinha valor algum.

Não importa a habilidade que você tem; enquanto não reconhecer essa habilidade, enquanto não a confessar (você pensava que confissão era uma palavra feia, não é mesmo?) e não a desenvolver, ela não terá valor.

Muita gente nunca começa. São os procrastinadores. O amanhã é o maior dispositivo de economia de mão-de-obra que já foi inventado. Muita gente nunca faz o que precisa ser feito. "Vou fazer, mas não hoje."

Depois há o medo de fracassar, sobre o qual conversamos no tópico sobre definição de metas. O que é o medo? Como já dissemos, *Fear* (medo) é um acróstico para *Falsa Evidência Aparentemente Real.*

Outras razões pelas quais muitas pessoas não avançam são o egocentrismo e a irresponsabilidade. "Não nasci para isso. Quero fazer outra coisa. Vou fazer do meu jeito." Nunca aceitam a responsabilidade de usar as próprias habilidades. Estão profundamente envolvidos no jogo da culpa. Culpam outra pessoa. Culpam a sociedade. Culpam a todos.

Além disso, muitos dizem: "Eu mereço mais do que isso. Eu quero começar no topo". Sabem o que eu acho? As únicas pessoas que começam no topo são os coveiros; e, como você sabe, eles acabam dentro do buraco.

Como já assinalei, os imigrantes têm quatro vezes mais chances de se tornarem milionários do que os norte-americanos nativos. Isso porque, quando eles vêm para os Estados Unidos, se esforçam para aceitar um emprego e ganhar um salário-mínimo. Para eles, nosso salário-mínimo equivale a um salário alto de onde vieram. Eles não buscam uma oportunidade melhor. Eles buscam a oportunidade e a tornam melhor. Essa é a grande diferença. Esse é um ponto muito importante.

Capítulo 7

VIRANDO HAMBÚRGUERES

Uma noite, por volta das onze horas, o presidente do conselho entra em um dos restaurantes de sua rede de fast-food. Nenhum cliente lá dentro. Ele olha em volta, mas não vê ninguém no balcão. Então, lá atrás, encontra um rapaz fumando um cigarro. Ele quase pula até o teto.

O presidente começa a rondar o local. Não somente o funcionário que deveria estar lá na frente está fumando um cigarro como também o gerente está sentado lá atrás, fumando. O presidente entende esse ato como um motim. Ele escracha o rapaz, mas o gerente parece não se importar muito com isso.

Finalmente, depois que o presidente termina de escrachar o rapaz, o gerente pergunta:

– E você, quem é?

– Eu sou o presidente do conselho desta empresa. O que acha disso?

O gerente, muito tranquilo, responde:

– Acho que, nesta empresa, nós dois já chegamos aonde podíamos chegar.

Eu conto essa história pela seguinte razão: fico irritado quando ouço celebridades e atletas dizerem que "você vai acabar virando os hambúrgueres em um restaurante de fast-food". Quero falar sobre os hambúrgueres da vida, porque acredito que qualquer trabalho que seja honesto, produtivo, que preste um serviço, é um bom trabalho.

É claro que uso o termo "viradores de hambúrguer" de forma genérica. Obviamente, muitos restaurantes de fast-food servem pizza, frango e 1.001 outras coisas, mas sempre se usa o termo "virador de hambúrguer" quando se quer rebaixar alguém. Vamos conversar um pouco sobre esse tipo de trabalho.

Primeiramente, trabalhar em um fast-food ensina os jovens a terem disciplina e responsabilidade. Em segundo lugar, ensina-lhes a terem orgulho de seu desempenho. Muitos deles aprendem ali a importância do asseio pessoal, de estarem bem-vestidos e de serem confiáveis. Aprendem o valor do dinheiro e da parcimônia, quando eles mesmos começam a comprar coisas e descobrem que seu salário não pode comprar tudo à vista.

Foi realizado um estudo na Califórnia com estudantes do Ensino Médio que estavam se preparando para largar os estudos. Era perguntado a eles: "E então, o que você vai fazer?".

Os estudantes respondiam: "Vou arrumar um emprego, alugar um apartamento e depois comprar um carro". Eles começavam a enumerar essas coisas, mas não conseguiam sequer chegar perto de ganhar o dinheiro necessário para isso. Pense na vantagem que teriam se estivessem trabalhando por dez ou doze horas e aprendessem o quanto poderiam comprar com esse dinheiro.

Sou grato por ter tido a oportunidade de trabalhar, quando jovem, naquela mercearia em Yazoo City. Eu era do serviço de atendimento aos clientes por lá. Não se impressione com o título do setor; isso significava apenas que eu pedia licença às pessoas enquanto varria o chão. Ou seja, não era nenhum cargo administrativo.

Nos meses de verão, os negócios sempre iam terrivelmente mal. Lembro-me de um dia em que o chefe tentava ocupar a todos, embora não houvesse nada para fazer. Eu perguntei:

– Sr. Anderson, o que o senhor quer que eu faça?

– Você pode tirar o pó das prateleiras. Pode limpá-las, reordenar os produtos. – Ele apontou para uma prateleira quase vazia.

– Sr. Anderson, há apenas duas latas de tomate.

Acho que a maneira como eu disse "apenas duas latas" o deixou ofendido. Ele me agarrou pelos ombros e disse:

– Vou te dizer uma coisa sobre essas duas latas de tomate, rapaz. Tudo começou com uma caixa, e são 24 latas. Vendemos 22. Isso significa que já reavemos todo o nosso investimento. Essas duas latas representam lucro, e o lucro é o que nos permite ficar abertos. É assim que você recebe seu salário. Agora, o que você acha dessas duas latas de tomate?

– Sr. Anderson – respondi –, essas são as duas latas de tomate mais bonitas que já vi. Elas são absolutamente lindas.

Aprendi uma lição muito importante sobre o que significavam economia e lucro. Eles significavam meu trabalho.

Nos restaurantes de fast-food, aprende-se muito sobre cortesia e relações humanas. Aprende-se muito sobre trabalho em equipe, companheirismo e a importância de estar comprometido. Se você disser que vai estar lá, o resto da equipe estará contando com você.

Você também poderá se surpreender com o quanto alguns desses jovens podem ganhar. Já vi jovens de 22 ou 23 anos administrando locais que lucram milhões de dólares por ano. Sabe de uma coisa? Eles ganham entre US$ 50 mil e 60 mil por ano. Além disso, vários estabelecimentos dão um automóvel para os gerentes.

Um adolescente de dezesseis anos pode trabalhar em um lugar assim, e o gerente ser apenas sete ou oito anos mais velho, com esse nível de sucesso. O trabalho no setor de fast-food é eficaz. Os jovens aprendem a estabelecer metas e dependem de si mesmos para fazer as coisas. Isso é muito importante.

Eu me pergunto quantos desses jovens estão se mantendo longe das drogas e do crime. Decerto as pessoas que os ridicularizam não acham que seria melhor para eles se envolverem em algo assim.

Outra coisa: muitos empresários frequentam os restaurantes de fast-food. Quantas vezes um funcionário pode receber uma oportunidade melhor, apenas por ter sido simpático com um cliente?

Como mencionei, os imigrantes são quatro vezes mais propensos a se tornarem prósperos nos Estados Unidos do que os nativos, porque eles aceitam um emprego e fazem dele uma oportunidade. E muitos nativos recebem uma grande oportunidade e fazem dela um emprego. A atitude faz a diferença.

Há muitos empregos de meio período. Um bom começo é fazer manutenção de gramados. Lembro-me de quando nos mudamos para Dallas pela primeira vez. Nosso jardineiro era um homem afro-americano. O nome dele era David Smith. David tinha estudado apenas até a sétima série. Anos mais tarde, voltou para a escola e se formou no Ensino Médio, aos 24 anos de idade.

David começou cortando a grama. Depois estudou para cuidar dos jardins e aprendeu a fazer paisagismo. Ele colocou suas três filhas na universidade. Duas delas se tornaram professoras porque ele começou por onde podia e depois seguiu em frente.

O mesmo acontece com muita frequência em trabalhos de limpeza e manutenção corporativa. Há muitos anos, conheci uma senhora de Chicago por meio de nosso programa "Born to Win" ("Nascidos para vencer"). Ela era incrivelmente bonita. No início, o único emprego que conseguia era como faxineira. Três anos depois, ela já dirigia seu próprio negócio, empregando mais de uma centena de pessoas. O que importa não é onde você começa: é para onde você vai.

Uma jovem pode começar como babá e decidir ser dona de uma empresa profissional de babás. No ramo de limpeza doméstica, pode acontecer a mesma coisa.

Em nossa sociedade, hoje em dia, muitas pessoas estão tendo que começar de novo. Como venho enfatizando, a segurança no emprego é quase uma coisa do passado, mas também está no auge para certas pessoas: as que acreditam em certos conceitos e dão certos passos que eu mencionei ao longo deste livro. Mas, quando um desastre acontece – e como acontecem! –, como você lida com isso?

Alguns anos atrás, um grande amigo meu, em Atlanta, tinha vários milhões de dólares num dia e, alguns dias depois, não tinha mais nada. Ele perdeu tudo. Estávamos falando sobre isso, e eu perguntei: "Como você se sente?".

"Olha, Zig", disse ele, "eu não estou exatamente anunciando aos quatro ventos e me lamentando: 'Oh meu Deus, perdi todo o meu dinheiro!'. Eu posso começar de novo. Mas vou te dizer uma coisa: eu cometi um erro muito tolo, que causou a perda do meu dinheiro. Eu sei muito mais agora do que quando comecei. Os princípios que usei para chegar ao topo me trarão tudo de volta. Não faz mal. Vou apenas fazer as mesmas coisas novamente". E ele fez.

Capítulo 8

AS LIÇÕES DE DAVE LONGABERGER

O que é preciso para ser bem-sucedido? Vou compartilhar uma coisa com você. É uma história que acredito que representa o sonho americano. Vou falar um pouco sobre um indivíduo e sua empresa, principalmente porque acredito que isso dará a cada leitor uma quantidade considerável de esperança. E a esperança é o ingrediente mais importante que eu tenho para vender. Mais uma vez: se há esperança no futuro, há poder no presente.

Esse indivíduo em particular se chama Dave Longaberger. Ele levou dois anos para sair da primeira série e outros três para sair da quinta série. Ele tinha vinte anos de idade quando terminou o Ensino Médio e continuava com a idade mental de um estudante da oitava série. Por acaso, ele tinha epilepsia e gagueira.

Veja esse perfil e me diga quais eram suas chances na vida. No entanto, no último ano, sua empresa fez mais de US$ 200 milhões em negócios, e eles projetam mais de US$ 1 bilhão em negócios anuais para os próximos anos. Como ele chegou lá? O que aconteceu ao longo do caminho?

Vamos fazer uma pequena investigação. Aos sete anos de idade, ele foi trabalhar em uma mercearia; lá ele aprendeu algo que pode ser útil para cada um de nós em nossas carreiras. Ele aprendeu que a melhor maneira de manter o patrão longe de seu cangote era prever o que o patrão queria e fazer isso antes que o patrão tivesse que pedir. Quantos de vocês, patrões, gostariam de ter esse tipo de empregado? Isso não deu a ele uma segurança na profissão?

O que Dave fazia quando criança? Ele começou a empurrar neve, cortar grama, entregar jornais e transportar lixo. Sua família começou a chamá-lo de "milionário de 25 centavos". Não é irônico que às vezes, quando você rotula alguém dessa forma, aconteça exatamente isso com ela?

Dave era um estudante da vida. Veja: costumamos não prestar atenção às coisas mais óbvias. Por exemplo: se você está usando um relógio de pulso neste momento, não olhe para ele.

Você sabia que um típico norte-americano checa seu relógio de pulso mais de duzentas vezes por dia? (Claro que isso inclui os últimos minutos antes do almoço e os últimos minutos antes do fim do dia.) Isso acontece com frequência. Se você começou a usar um relógio há pelo menos um ano, isso significa que já olhou para ele milhares de vezes. Você deve saber tudo sobre ele, não é mesmo?

Vou fazer três perguntas sobre seu relógio. Aposto que você não conseguirá responder a todas elas.

1. Seu relógio de pulso tem números cardinais ou numerais romanos?
2. Ele tem realmente números? Ou são apenas traços, pontos, espaços em branco, emblemas, ou nenhum dos anteriores?
3. O que há no horário das doze? O que há no horário das quinze? O que há no horário das seis? O que há no horário das nove?

Agora que pensou um pouco sobre isso, quero que você, talvez pela primeira vez desde que é dono de seu relógio, olhe para ele com muito cuidado.

Gostaria de fazer outra pergunta: que horas são? A verdade é que a maioria de nós não presta atenção em muitas coisas que acontecem na vida.

Dave Longaberger não era um aluno brilhante na escola, mas era um aluno brilhante na vida. Desde cedo, começou a aprender observando as coisas. Por exemplo: havia quatorze filhos na família, mas apenas um banheiro. Uma de suas primeiras metas era ter seu próprio banheiro; e, se você acha que um minuto não é importante, isso depende inteiramente de que lado da porta do banheiro você está.

Dave aprendeu a estabelecer metas desde cedo. Ele descobriu que, se trabalhasse de uma certa forma e fizesse determinadas coisas, teria uma chance maior de conquistar o que queria. Quando abriu seu primeiro restaurante, quando vendia escovas Fuller,[16] quando fazia qualquer coisa, ele sempre tratava os clientes como "meus clientes" – não clientes da empresa, mas *seus* clientes. Ele sabia que, se os tratasse adequadamente, teria uma chance de melhorar a si mesmo e seus negócios.

Outra coisa que Dave aprendeu foi o seguinte: todos os trabalhos envolvem habilidades interpessoais. Não importa o trabalho; ele é de pessoa para pessoa.

O rapaz também aprendeu que qualquer trabalho pode ser divertido. Descobriu que, quanto mais gostava de seu trabalho, mais isso se tornava leve e divertido. Mais os clientes se divertiam e mais compravam dele.

Dave aprendia com todas as pessoas e os lugares que visitava. Ele esteve no Exército por um tempo, e ficou claro para ele que havia be-

---

16. A Fuller Brush Company é uma fabricante de produtos para cuidados pessoais, bem como para limpeza comercial e doméstica. Foi fundada em 1906 por Alfred Fuller, com sede na cidade de Hartford, Connecticut. A Consolidated Foods (atual Sara Lee Corporation) adquiriu a Fuller Brush em 1968. (Nota da Tradutora.)

nefícios em adotar uma abordagem unificada, gerenciada, consistente e centralizada. Foi ali que fez a pós-graduação da vida.

Dave não tinha medo de assumir riscos. Há riscos em tudo que fazemos. Ele economizou alguns dólares para abrir um pequeno restaurante em Dresden, Ohio. Já tinha tido uma pequena mercearia e, no dia em que inaugurou seu restaurante, contava com apenas US$ 135 em dinheiro.

Ele comprou todo esse valor em comida para servir o café da manhã. Com o dinheiro do café da manhã, voltou ao mercado e comprou os ingredientes para o almoço. Quando terminou o almoço, comprou mais comida para o jantar, e foi assim que tudo começou.

Alguns anos antes, sua família tinha trabalhado na fabricação de cestas. Seu pai havia parado de fazê-las, exceto por poucas encomendas pontuais. Em 1965, Dave decidiu reabrir o negócio. Todos os membros da família disseram: "Dave, isso não vai dar certo". Eles tentaram desencorajá-lo; mas ele tinha visto algumas cestas importadas, e elas não eram feitas com a mesma qualidade das que ele conhecia. Então decidiu voltar ao negócio.

Foi um sucesso espetacular? De jeito nenhum. Em 1986, eles deviam mais de US$ 5,5 milhões. Havia cerca de cinco mil pessoas envolvidas; a maioria delas na fabricação e distribuição de cestas.

Com toda essa dívida, Dave foi até seus funcionários e disse: "Vocês sabem, eu sempre fui honesto e direto com vocês, sempre disse a verdade. Este negócio vai dar certo. Confiem em mim, e, de uma forma ou de outra, pagaremos as contas". Como ele sempre tinha sido um homem de palavra, todos permaneceram com ele.

O que ele faz de diferente? Ele faz com que cada pessoa se sinta importante. Cada cesta produzida por sua empresa traz a assinatura da pessoa que trabalhou nela. Dave Longaberger faz com que cada indivíduo saiba que é único.

Ele também tem um estilo único de gestão. Não são os supervisores que avaliam os trabalhadores; são os trabalhadores que avaliam os supervisores. Quando essas avaliações chegam, ele já sabe o que tem que fazer.

Dave Longaberger se preocupa com as pessoas quase ao extremo. Ele diz que, se você cuida das pessoas, elas vão cuidar de você. Se você deixá-las brilhar e fazê-las se sentirem importantes, elas desejarão ir ao trabalho. Então não se torna apenas um trabalho, mas uma verdadeira família.

A perspectiva de Dave é sempre sólida. Ele usa o bom senso em praticamente tudo. Opera com base no princípio da Regra de Ouro e diz que a concorrência foi uma das melhores coisas que já lhe aconteceram. São os concorrentes que vão apontar as nossas fraquezas. Eles são a melhor fonte de informação. Terão coisas a nos ensinar.

Outra das melhores coisas que lhe aconteceram foi aprender a apreciar sua própria singularidade; ele percebeu que era diferente. Sabia que amava as pessoas; ele respeitava as pessoas; se dava bem com as pessoas. E começou usando todos os recursos que tinha. Ele também acreditava que cada empresa deveria reverter algo de bom para a comunidade na qual está inserida.

Como resultado, a cidade de Dresden, Ohio, é uma das mais belas e limpas que você encontrará. É uma cidade pequena, mas é a empresa de Dave que cuida do paisagismo na Main Street, porque isso atrai visitantes. É claro que sua bela fábrica e seus adoráveis restaurantes são uma boa razão para esse interesse, mas foi ele quem iniciou essa ação.

Ele realmente tem uma atitude exagerada. Moveu sua empresa de um estágio de sobrevivência para a estabilidade na época em que ficaram profundamente endividados; e depois foram da estabilidade para o sucesso, do sucesso para o propósito. Acredito que é isso que a vida tem a oferecer.

Capítulo 9

A BOMBA D'ÁGUA

Agora quero falar sobre uma bomba d'água – uma bomba d'água à moda antiga. Se você entender a mensagem da bomba, isto fará um tremendo bem para sua vida pessoal, familiar e empresarial.

Tenho dois grandes amigos no sul do Alabama: Bernard Haygood e Jimmy Glenn. Um belo dia, eles saíram para dar um passeio pelas colinas da região onde moravam. Bernard estava dirigindo. Era um dia quente de agosto e, durante o passeio, ficaram com muita sede. Eles avistaram uma fazenda velha e abandonada, e Bernard adentrou a cerca. Ele olhou ao redor e encontrou uma velha bomba. Saltou para fora do carro, correu até a bomba, agarrou o cabo e começou a bombear.

Ele estava bombeando havia alguns minutos, quando disse: "Jimmy, vamos usar aquele balde velho ali para pegar um pouco de água do riacho. Temos que fazer esta bomba funcionar".

Você sabe como se conserta uma bomba? É preciso apenas colocar água lá dentro, antes de se obter água da própria bomba. Essa é uma das ironias da vida, não é?

Muitas pessoas ficam paradas em frente ao fogão da vida e dizem: "Ei, fogão, prepare a comida para mim. Depois eu coloco a lenha". Muitos empregados vão até o patrão e dizem: "Se você me der um aumento, eu começo a chegar no horário. Se você me der um aumento, eu começo a fazer o que sou pago para fazer". Muitos alunos vão até o professor e dizem: "Se eu for reprovado nesta matéria, minha mãe me mata. Se o senhor me der uma nota boa, prometo que vou estudar". Em outras palavras, todos eles estão dizendo: "Primero me dê a recompensa, depois eu vou agir". Mas não é assim que a vida funciona.

Imagine um fazendeiro dizendo: "Senhor, é verdade que não plantei nada este ano. Mas, se o Senhor me der uma grande colheita, no ano que vem eu vou plantar. Eu prometo!".

Não é assim que se faz. Primeiro temos que agir, para que depois possamos honestamente receber.

Voltemos à nossa história. Estávamos em agosto, estava quente, e o velho Bernard trabalhava para consertar a bomba. Enfim ele disse: "Sabe, Jimmy, eu não acredito que tenha água lá embaixo".

Jimmy respondeu: "Bernard, aqui é o sul do Alabama, e no sul do Alabama os poços são profundos. E isso é bom, porque, quanto mais fundo for o poço, mais fresca, mais limpa, mais doce, mais pura e mais saborosa é a água".

Somente Bernard estava trabalhando, e ele suava cada vez mais. Quanto tempo levaria para bombear um mísero copo d'água? Finalmente, ele jogou a toalha e disse: "Jimmy, não há água lá embaixo".

"Não pare, Bernard, não pare!", disse Jimmy. "Se você parar, a água vai voltar para o fundo, e você vai ter que começar tudo de novo."

Nunca saberemos quanto trabalho bom é desperdiçado apenas porque alguém deixa de insistir um pouco mais. Como estudantes, quantas vezes nos é dado um problema difícil, e trabalhamos nele sem resultados?

Dirigimo-nos ao professor e dizemos: "Este problema não tem solução. Você fez uma pegadinha para nos testar".

O professor apenas sorri e responde: "Tente outra vez". Você tenta outra vez, e, de repente, o que antes era um mistério se torna cristalino. Muitas vezes, tudo que precisamos é de um pouco mais de esforço. Se bombearmos por tempo suficiente e com bastante força e entusiasmo, eventualmente o esforço será seguido por uma recompensa, e a água começará a jorrar. Quando a água começar a fluir, tudo o que você precisará fazer é manter seu bom esforço – e então receberá recompensas inacreditáveis.

Você já percebeu isso? Quando as coisas já estão ruins, elas sempre pioram; quando estão boas, melhoram muito. Não tem nada a ver com o que está acontecendo lá fora. Tem a ver com o que está acontecendo dentro de você.

Eu adoro a história da bomba, porque é uma história de vida. Não tem nada a ver com sua idade ou instrução, com o fato de ser negro ou branco, homem ou mulher, velho ou jovem, tímido ou extrovertido. Tem a ver com seu direito dado por Deus, como ser humano livre, de trabalhar pelo tempo que você quiser, o quanto quiser e com a disposição que quiser – e obter da vida as coisas que quer.

Ao enfrentarem um novo desafio, muitas pessoas dizem: "Vou tentar. Se funcionar, tudo bem; e, se não funcionar, tudo bem também". Mas, quando você se propõe a fazer algo, precisa insistir até conseguir que a água flua. O esforço constante é o que vai fazer a grande diferença.

Uma das coisas mais debilitantes que podem acontecer a uma pessoa talentosa, instruída e capaz é conseguir um emprego como "viradora de hambúrguer". Essas pessoas conseguem um emprego que está "abaixo" delas, fazem um esforço sem convicção e são demitidas por não serem produtivas. "Como assim, vocês vão me demitir?", dizem elas. "Eu tenho toda essa instrução. Eu posso fazer todas essas coisas. Por que estou sendo demitido?" Muito simples: você não é produtivo.

A história da bomba é a história da vida. A vida requer uma tremenda disciplina. Temos falado sobre isso ao longo de todo o livro. A vida requer caráter, persistência.

Vontade de viver

Em 10 de março de 1981, em um belo dia de sol, um jovem estava pilotando seu avião. Seu nome era Morris Goodman, e ele era um vendedor de seguros de vida de enorme sucesso. Tinha cuidado de si mesmo a vida inteira, obtido sucesso em tudo que tentara fazer. Entretanto, naquele dia em particular, algo deu errado com o avião, e ele acabou sofrendo um acidente muito sério. Sua medula espinhal foi esmagada. Metade dos músculos e ligamentos de seu pescoço foi destruída. Seu pescoço foi quebrado na primeira e segunda vértebras. A mandíbula foi esmagada, assim como a laringe e cordas vocais. Os nervos de seu diafragma estavam tão danificados que pararam de funcionar, e ele não conseguia respirar sozinho. Ele era incapaz de engolir. Seus intestinos, bexiga e rins também deixaram de funcionar.

Todos os especialistas disseram que as chances de sobrevivência eram de uma para um milhão; se ele sobrevivesse, se tornaria um vegetal. A situação não era boa, mas Morris Goodman disse algo que eu acho enormemente significativo: "Os médicos baseavam suas opiniões em resultados de testes e casos passados. Eu baseava minhas expectativas de recuperação total em uma vontade de viver e de me recuperar".

Esse é o conceito clássico de otimismo e pensamento positivo, juntamente com uma profunda crença no potencial que há dentro de cada um de nós.

Morris tinha sido bem-sucedido em tudo que havia tentado fazer. Ao longo da vida, tinha cuidado de seu corpo fazendo as coisas certas, comendo os alimentos certos do ponto de vista nutricional, exercitando-se e seguindo um regime rigoroso. No entanto, após o acidente, todas as probabilidades se voltaram contra ele. Aparentemente, ele nunca mais seria capaz de fazer nada disso.

Ele não conseguia se comunicar com ninguém; então sua irmã criou um sistema de cartões que lhe permitia piscar os olhos e se comunicar efetivamente com as pessoas. Ele passou por muitas provações, muitas dificuldades ao longo do caminho.

No dia 13 de novembro de 1981, poucos meses depois de terem dito que ele não viveria, Morris teve alta do hospital. Hoje ele é um grande caçador de ursos e cervos. Viaja por todo o mundo palestrando e dirige um acampamento para meninos carentes, dando a eles uma nova chance na vida.

Morris escreveu um livro, *The Miracle Man* ("O homem do milagre"), que em breve será adaptado para o cinema. Sinto-me feliz em poder dizer que, em várias passagens do livro, ele relata ter ouvido as minhas fitas motivacionais. Ele disse que isso fez toda a diferença; ajudou a melhorar sua atitude quando as coisas estavam difíceis.

Observe uma foto desse rapaz, e eis o que encontrará: desde o primeiro dia, ele se visualizava saindo do hospital, saudável e caçando. Ele tinha a capacidade de se concentrar totalmente nesse único objetivo. Tinha um tremendo desejo e vontade de vencer. Tinha a disciplina, a persistência e o compromisso necessários.

O presidente Calvin Coolidge, certa vez, disse o seguinte:

> *Nada no mundo consegue tomar o lugar da persistência. O talento não consegue; nada é mais comum que homens fracassados com talento. A genialidade não consegue; gê-*

nios não recompensados são quase um provérbio. A educação não consegue; o mundo é cheio de errantes bem-educados. Persistência, determinação e trabalho duro são o que faz a diferença.

Tenho falado muito sobre o sucesso total no jogo da vida. Às vezes temo que, por ter falado tão pouco sobre dinheiro, muitas pessoas pensem erroneamente que eu não tenho interesse no sucesso financeiro. Sim, eu tenho. Como já mencionei, qualquer pessoa que disser que não está interessada em dinheiro estará mentindo e mentirá também sobre outras coisas. Acredito que isso é verdade; mas o dinheiro é apenas uma das coisas da vida.

Preciso contar algo a vocês, porque muitas pessoas não sabem disso: os milionários são pessoas chatas. Como já mencionei anteriormente, menos de 1% de todos os milionários nos Estados Unidos é famoso no atletismo, na música, na televisão ou no cinema; mais de 99% deles são pessoas comuns, como você e eu.

Louis Harris fez uma pesquisa com pessoas que ganhavam mais de US$ 142 mil por ano e possuíam um patrimônio líquido de mais de US$ 500 mil, sem incluir seus imóveis. Como resultado, ele constatou que essas pessoas bem-sucedidas eram indivíduos de meia-idade, pouco entusiasmados e muito cautelosos. Eles privilegiavam os valores familiares e a ética do trabalho; 83% deles eram casados; 96% adquiriram seu patrimônio líquido por meio do trabalho duro; 80% eram politicamente conservadores ou ficavam em cima do muro; e quase todos eram relativamente não materialistas.

Em outras palavras, seus objetivos iam além do dinheiro: 85% diziam que seu principal objetivo era sustentar a família. Apenas 11% ostentavam sua riqueza (por exemplo, exibindo um carro caríssimo no alto de um tótem). O prestígio e o rótulo de bem-sucedido não importavam tanto para eles como a família, a educação e seus negócios ou trabalho.

Essas pessoas não têm uma vida muito emocionante, mas têm muita felicidade. Têm um bom padrão de vida, mas, infinitamente mais importante, têm uma excelente qualidade de vida. Persistência, consistência, disciplina e trabalho duro fazem a diferença. Suas vidas parecem estar em equilíbrio.

Outro estudo, publicado por Thomas J. Stanley na revista *Medical Economics* (20 de julho de 1992), mostrou quase a mesma coisa. O perfil de uma pessoa rica nos Estados Unidos é o seguinte: trabalho duro, perseverança e, acima de tudo, autodisciplina. A típica pessoa rica vive por toda sua vida adulta na mesma cidade. Ela se casa apenas uma vez e continua casada. Vive em um bairro de classe média, ao lado de pessoas que possuem apenas uma fração de sua riqueza. É uma poupadora e investidora compulsiva. Fez sua fortuna por conta própria: 80% dos milionários entrevistados eram ricos de primeira geração. Parece que a oportunidade ainda está viva, e bem viva, em nosso país.

A atitude é a maior diferença entre os milionários e o restante de nós. Eles economizam nos luxos, mas estão dispostos a pagar o quanto for preciso por um bom aconselhamento jurídico ou financeiro. Aqueles que enriquecem por seus próprios esforços desenvolvem objetivos claros para seu dinheiro.

Certa vez, eu recebi uma carta emocionante. Um jovem chamado Rick Roussin, que vive em Northridge, Califórnia, escreveu: "Sete anos atrás, eu estava preso às drogas e ao álcool. Eu estava falido em todas as áreas da vida: financeira, física, espiritual e emocional".

Rick Roussin contou que tinha abandonado o Ensino Médio, sem educação formal ou experiência comercial, mas tinha um desejo ardente e uma vontade de mudar. "Eu sabia que, para que as coisas mudassem, *eu mesmo* teria que mudar. Para que as coisas melhorassem, *eu mesmo* teria que melhorar." Eu adorei isso.

"Para poder mudar", ele continuava, "comecei a frequentar o AA. Ali você realmente encontra ajuda". Um adendo: os programas de doze passos não funcionarão, a menos que a pessoa em tratamento faça algo por outra pessoa. A única maneira de permanecer sóbrio é compartilhar os benefícios da sobriedade com os outros. Eles estão sempre de plantão.

Alguns membros da minha família foram participantes do AA. Eles recebiam ligações à meia-noite, às três da manhã, a qualquer horário; se levantavam da cama e iam até quem os chamava, para ajudá-los a atravessar a crise. Somente dessa forma conseguiram superar o problema do alcoolismo.

Esse foi o primeiro passo dado por Rick para uma vida melhor. Ele escreveu: "Eu comecei a ter fé no futuro e fechei as portas para o passado". Irmão, isso é tão importante. Você precisa fazer as pazes com o passado para se concentrar no presente. Assim poderá fazer de seu futuro o melhor que ele puder ser.

Nos dois primeiros anos em que Rick participou do programa, ele comprou um velho Dodge Dart 1967, alugou uma casa e depois sublocou vários quartos, apenas para pagar o aluguel de cada mês. Ele disse que foi paciente. No início foi difícil; mas, à medida que frequentava as reuniões e aprendia sobre os aspectos saudáveis do sucesso, ele conseguiu perder peso e melhorar sua forma física. Aos 32 anos, dizia estar na melhor forma de sua vida.

"Eu comecei a ler coisas positivas. Tenho lido coisas positivas pela manhã e antes de dormir, por mais de seis anos, e isso fez uma diferença dramática em minha vida. Sempre digo às pessoas que estou me sentindo muito bem, mas ainda estou melhorando. O próprio fato de afirmar isso todos os dias já me faz sentir melhor.

"Meu sistema de crenças mudou completamente", acrescentou Rick. Ele deixou de pensar que não valia US$ 500 por semana para acreditar que valia mais de US$ 25 mil por semana. Ele acreditou na ideia de que você pode ter o que quiser, se simplesmente ajudar outras pessoas a conseguirem o que elas querem.

No último ano, ele ganhou mais de US$ 300 mil. Vive em uma casa que vale mais de US$ 750 mil. Usa roupas bonitas e possui todas as coisas que todos dizem querer; mas ele diz em sua carta:

> *O mais importante é que hoje eu tenho uma esposa e dois filhos lindos. Tenho mais prazer em minha família do que em qualquer outra coisa. Minha vida familiar é infinitamente melhor do que era antes. Eu acordo todos os dias ansioso pelo que vou fazer no dia. Eu amo a minha vida. Amo as pessoas ao meu redor.*

Mais adiante, Rick escreve que foi criado em uma família disfuncional, geração após geração: divórcio, alcoolismo, abuso infantil e tudo mais. Mas ele mudou de direção em todas as áreas: física, mental e espiritual. Ele mudou e mudou por completo.

Por que estou dizendo isso? Se você não gosta de quem é e de onde está, não se preocupe. Você não está preso aí para sempre. Digo com toda a certeza: você pode crescer. Com toda a certeza, você pode mudar.

Capítulo 10

ÚLTIMOS CONSELHOS SOBRE O SUCESSO

Vamos dar uma última olhada no conceito de sucesso. Na minha humilde opinião: se eu tivesse a oportunidade de ganhar milhões e milhões de dólares, mas durante o processo tivesse que renunciar à minha saúde e sacrificar minha integridade, eu diria: "Nem pensar". Eu não estaria disposto a desistir de tudo isso para ganhar milhões de dólares e estou certo de que você se sente da mesma maneira.

No entanto, muitas pessoas ainda medem o sucesso pelo dinheiro. Elas ainda gostariam de ser como o cara mais rico da cidade – aquele que tem a casa mais bonita, dirige os maiores carros, faz o maior número de viagens.

Toda vez que você avistar esse cara, faça a si mesmo estas perguntas:

- Ele é feliz?
- Ele é saudável?
- Ele se sente seguro?

- Quantos amigos ele tem?
- Ele tem paz de espírito?
- Como são seus relacionamentos familiares?
- E por fim: quais são as esperanças dele para o futuro?

Se você parar para pensar na eternidade, você vai passar mais tempo morto do que vivo. A Bíblia nos diz: "Buscai primeiro o Reino de Deus, e todas estas coisas vos serão acrescentadas. De que vale ganhar o mundo inteiro e perder sua própria alma?".[17]

A filosofia que estamos estudando possibilita que você chegue até o topo; mas deixe-me explicar o que isso significa. Suponhamos que um de meus filhos viesse até mim e dissesse: "Papai, seria tudo para mim se eu pudesse ter conhecido você como meu pai quando eu era criança; se você estivesse lá, todas as manhãs, para me animar quando eu ia à escola ao enfrentar uma prova difícil, um *bullying* ou problemas com meu namorado. Papai, teria significado tanto se você estivesse lá, todas as noites, para abraçar as minhas mágoas, beijar as minhas lágrimas e me dar alguns dos conselhos que deu às pessoas em todo o mundo. Se isso tivesse acontecido, papai, talvez minha vida não tivesse sido o grande desastre que foi".

Se isso tivesse acontecido comigo, eu seria um pai de coração partido; porque, como a maioria dos pais, eu amo profundamente meus filhos. Sou muito grato por ter dedicado meu livro *Raising Positive Kids in a Negative World* ("Como educar crianças positivas em um mundo negativo") aos meus quatro filhos: as crianças mais positivas – e, eu poderia acrescentar, as crianças mais sensatas e moralmente sadias – que eu poderia ter conhecido.

---

17. *Mateus* 6:33; *Marcos* 8:36.

Ao final de tudo, você descobrirá que todo grande fracasso é um fracasso moral. Pergunte isso para Pete Rose.[18] Pergunte a Ivan Boesky,[19] Michael Milken.[20] Pergunte a Jimmy Bakker[21] e Jimmy Swaggart.[22] Pergunte ao congressista Jim Wright e ao senador Gary Hart. Pergunte aos legisladores da Carolina do Sul e do Arizona que se tornaram corruptos e foram acusados de fraude. Somente no estado do Texas, nas últimas décadas, três parlamentares da Câmara foram indiciados e condenados – homens que tinham futuros e carreiras brilhantes à frente, mas fracassaram.

Recentemente, eu li que sete legisladores do estado do Kentucky, incluindo o presidente da Câmara, foram condenados sob acusações de suborno, extorsão, obstrução à justiça, fraude postal, desvio de dinheiro e assim por diante. Neste exato momento, há mais de 1.400 funcionários públicos sob acusações federais. Isso fez com que uma senhora na Câmara

---

18. Em agosto de 1989, três anos após se aposentar, o jogador de beisebol Pete Rose foi banido do Hall da Fama dos Estados Unidos, em meio a um escândalo envolvendo apostas. (Nota da Tradutora.)

19. Ivan Boesky era um operador da bolsa de valores norte-americana, que se tornou famoso devido a um escândalo envolvendo informações privilegiadas em meados da década de 1980. (Nota da Tradutora.)

20. Michael Milken era executivo da corretora Drexel Burnham Lambert, em Beverly Hills, e chegou a acumular uma fortuna pessoal de US$ 1 bilhão. Foi acusado de manipulação fraudulenta no mercado de títulos de alto risco e condenado em 1990 a dez anos de prisão. A pena foi reduzida para três anos, mediante o pagamento de uma multa de US$ 600 milhões. (Nota da Tradutora.)

21. Jim Bakker é um pastor evangélico norte-americano, responsável pelo antigo programa de televisão *The PTL Club*. No final dos anos 1980, Bakker renunciou ao ministério diante de acusações de suborno e abuso sexual. Revelações posteriores de fraude contábil resultaram em acusações criminais, condenação, prisão e divórcio. (Nota da Tradutora.)

22. Jimmy Swaggart, um dos maiores evangelistas da televisão norte-americana, renunciou ao seu ministério em 21 de fevereiro de 1988, depois ter sido fotografado com uma prostituta na porta de um motel. Diante de uma congregação de sete mil pessoas em Baton Rouge, Louisiana, ele chorou e confessou sua falha. Voltando-se para a esposa, Frances, ele disse: "Pequei contra ti e imploro pelo teu perdão". (Nota da Tradutora.)

dos Estados Unidos declarasse: "Minha mãe não sabe que eu atuo na política. Ela pensa que eu sou uma prostituta".

Quando as coisas chegam a esse ponto, temos sérios motivos para ficar preocupados. Muitas vezes me pergunto se, quando fazem a chamada no Congresso, deve-se responder "presente" ou "inocente". Há uma preocupação crescente entre os norte-americanos com relação a essa situação política.

No entanto, no Kentucky, os parlamentares reconheceram suas falhas e aprovaram uma resolução. Vou citar apenas uma parte dela; mas isso sugere uma tomada de consciência: "Temos que olhar para nossa ética, nossos valores. Temos que parar para pensar sobre o que está acontecendo".

A resolução, aprovada por unanimidade pela Câmara dos Deputados do Kentucky no último dia de uma sessão especial, começa assim:

> *Resolução que encerra a sessão extraordinária de 1993 sobre ética, em memória e honra de Jesus Cristo, o Príncipe da Ética.*
>
> *Considerando que, em 17 de setembro de 1796, o Presidente George Washington declarou: "Onde está a segurança da propriedade, da reputação, da vida, se o senso de mera obrigação religiosa abandona os juramentos e nos faz supor que a moralidade pode ser mantida sem religião?".*

A resolução também cita os presidentes John Adams e Thomas Jefferson. (Eu não sabia que Jefferson tinha escrito um livro, *A vida e a moral de Jesus de Nazaré*. Foram distribuídos seis mil exemplares para os funcionários da Câmara e três mil exemplares para os funcionários do Senado.) Também cita Benjamin Franklin, que disse: "Quanto a Jesus de Nazaré, creio que sua filosofia de moral, deixada para nós, é a melhor que o mundo inteiro já viu ou jamais verá".

Fico muito feliz quando as pessoas começam a reconhecer que deve haver uma mudança de atitude nessa direção.

Se, em minha ânsia por fama e fortuna, eu tivesse quebrado o juramento que fiz à minha bela Ruiva, que tem sido minha esposa há mais de 47 anos, eu seria o homem com o coração mais partido que você já viu; pois, mesmo depois de tantos anos, não somente amo minha esposa profundamente como também a considero a pessoa mais importante nesta Terra (e, sim, ainda continuo completamente apaixonado por ela).

Alguém me perguntou uma vez: "O que você faz para continuar apaixonado?". Eu respondi: "Ora, eu me casei com ela!". Acredito que é daí que vem a paixão e a emoção. Alguns de vocês, jovens impacientes, que estão casados há apenas 25 ou 30 anos, talvez não se identifiquem com o que vou dizer agora: depois de 45 anos, a cada dia, acho minha esposa mais bonita do que no dia do nosso casamento.

Sou grato por todas as coisas que pude realizar, pois ela sempre esteve o tempo todo ao meu lado.

Como já disse, quando eu tinha 45 anos de idade, eu estava quebrado e cheio de dívidas. Estávamos casados havia 27 anos, e eu ainda não tinha oferecido à minha esposa algo que se aproximasse da segurança financeira. No entanto, em todos esses anos não me lembro de tê-la ouvido dizer uma única vez, nem uma vez sequer: "Querido, se tivéssemos mais dinheiro, se tivéssemos mais segurança financeira, seria muito melhor". Ela sempre dizia: "Amanhã vai ser melhor. Nós vamos conseguir". Em seguida, falava aquelas palavras que significam tudo para qualquer homem e qualquer mulher: "Eu te amo e acredito em você".

Não tenho palavras para dizer como era importante, para mim, ter uma verdadeira líder de torcida me animando, todos os dias, e rezando por mim, todas as noites. E sei que, neste exato momento, ela está orando por mim.

Ter uma pessoa que dá esse tipo de apoio faz toda a diferença. Veja só: um cavalo belga gigante consegue puxar sozinho 3,5 toneladas. Prenda-o a outro cavalo belga gigante e a parelha puxará oito toneladas. Mande-os para a escola, ensine-os a puxar em harmonia e juntos eles conseguirão puxar mais de doze toneladas.

Releia todas as qualidades do sucesso, da forma que eu as ensinei aqui. Comece a reivindicar essas qualidades todos os dias, repetidamente, com alegria e entusiasmo. Pois, quanto mais você reivindicar essas qualidades, mais você as terá. Quanto mais você as possuir, mais poderá vê-las em seu cônjuge, em seus funcionários, em seus irmãos e irmãs, nas pessoas com quem convive. Quando começar a vê-las em si mesmo, será mais fácil encontrá-las nos outros, e você tratará as pessoas como as vê. Ao reivindicar essas qualidades, terá relacionamentos mais harmoniosos e eficazes com cada pessoa que conhecer. E é isso que vai fazer a diferença.

Você é filho de quem?

Gostaria de dizer uma última coisa. Suponhamos que eu estivesse sendo julgado pelos atos da minha vida. Se você fosse meu juiz ou parte do júri e me pedisse para dizer em que eu realmente acredito, o que é preciso para aproveitar ao máximo cada etapa da vida, eu lhe contaria mais uma história.

Quando o pequeno Ben Hooper nasceu, muitos anos atrás, nas colinas do leste do Tennessee, muitos meninos e meninas como Ben, que não sabiam quem era seu pai, eram desprezados. Eles eram tratados de forma terrível.

Quando ele tinha três anos de idade, as outras crianças não podiam brincar com ele. Os pais diziam coisas horríveis, como: "O que um menino como ele acha que está fazendo, brincando com nossos filhos?". Como se a criança tivesse culpa pelo seu próprio nascimento.

Aos seis anos, Ben foi matriculado na primeira série (não havia pré-escola naquele tempo). Ele se sentava a uma pequena carteira, como todas as outras crianças, e continuava sentado ali no recreio, porque nenhum dos colegas brincava com ele.

Os sábados eram os dias mais difíceis. Sua mãe o levava até a feira para comprar os suprimentos da semana. Havia sempre outras crianças lá, acompanhadas pelos pais; e, invariavelmente, alguém fazia um comentário malicioso: "O que um menino como ele faz aqui?" ou "Você já descobriu quem é o pai dele?".

Quando Ben tinha doze anos de idade, um novo pastor chegou à sua pequena igreja, no sopé das montanhas da região. Quase imediatamente, Ben começou a ouvir as pessoas falando sobre ele: que era amigável e caloroso, que não julgava e aceitava as pessoas como eram. Quando ele entrava nos locais, a atitude, a atmosfera, o espírito de todos se animavam. O pregador tinha aquele carisma que faz toda a diferença. E Ben desejava estar perto de pessoas como ele.

Num domingo, mesmo nunca tendo ido a uma igreja em toda a vida, Ben Hooper decidiu ir. Ele chegou atrasado ao culto e saiu antes de terminar. Não quis chamar atenção, mas gostou do que ouviu. Ele voltou no domingo seguinte, e no domingo seguinte, e no seguinte.

Para não ser visto, sempre chegava tarde e saía cedo. A mensagem era tão comovente, encorajadora, poderosa e inspiradora... Era quase como se houvesse algo no rosto do pastor que dizia: "Isso é para você, pequeno Ben Hooper, filho de um pai desconhecido. Há esperança para você". Lembro a vocês novamente: se existe esperança no futuro, encontramos poder no presente.

Num belo domingo, Ben estava tão absorto pela mensagem que nem percebeu que várias pessoas tinham entrado e se sentado atrás dele. Ele perdeu a noção do tempo, e, de repente, o culto havia terminado. Ele se levantou, como todos os outros, e tentou sair, mas sua passagem estava bloqueada. Tentava abrir caminho através da multidão, quando sentiu uma mão em seu ombro.

Ele se virou e olhou para cima, dando diretamente com os olhos do jovem pastor, que lhe fez logo a pergunta que estava na mente de todas as pessoas nos últimos doze anos:

– Olá, rapazinho. Você é filho de quem?

Houve na igreja um silêncio instantâneo e mortal. Então, um sorriso começou a se abrir lentamente no rosto do jovem ministro. Ele irrompeu em uma enorme risada, enquanto dizia:

– Ah, eu sei quem é seu pai. A semelhança é inconfundível. Você é filho de Deus. – Em seguida, deu um tapinha nas costas do menino e disse: – É uma herança e tanto que você tem aí, rapaz. Agora vá e viva uma vida à altura do seu Pai.

Muitos anos depois, Ben Hooper foi eleito governador do estado do Tennessee e, mais tarde, eleito para um segundo mandato. O quadro tinha mudado. Ele havia deixado de ser um filho de ascendência desconhecida para ser um filho do Rei.

Em 4 de julho de 1972, embora eu já tivesse perdido meu pai terreno aos cinco anos de idade, aceitei o convite de Deus para me tornar um filho do Pai Celestial. Aceitei a Cristo como meu Senhor. Foi então que tudo mudou em minha vida. Isso mudou meu coração; e, quando mudamos nosso coração, mudamos nossa vida.

Você é filho de quem? Você é filha de quem? Ah, eu sei quem é seu pai. A semelhança familiar é inconfundível. Você é prole do Rei. É uma herança e tanto que você tem aí.

Certa vez, um pai tinha muitas coisas para fazer, mas seu filho pequeno não parava de incomodá-lo. Então, ele pegou um mapa-múndi, o picotou em vários pedaços e disse a seu filho para juntá-los novamente, pensando que teria alguns minutos, talvez uma hora, para ficar sossegado e pôr o trabalho em dia.

Em poucos minutos, o menino voltou com o mapa completo. O pai perguntou:

– Filho, como você fez isso?

O menino respondeu:

– Papai, eu apenas virei as peças. Do outro lado do mapa do mundo, tinha a foto de um homem. Quando eu montei o homem, o mundo ficou pronto.

É disso que se trata este livro: recomponha sua vida, e seu mundo ficará completo. Você precisa *ser* antes de *fazer*, e você precisa *fazer* antes de *ter*. Eu lhe dei um conjunto de ferramentas para que você seja o que precisar ser, faça o que precisar fazer, tenha o que quiser ter.

Aceite estas ideias, use estas ferramentas todos os dias, siga estas instruções. Se fizer isso, eu me encontrarei com você – e sim, eu quero dizer *você* – lá no topo.